삶의 비밀 : 심리상담실

삶의 비밀
심리상담실

이진우·백경희 지음

NATURAL UNIQUE NARRATIVES

삶의 비밀 : 심리상담실

초판 1쇄 | 2019년 2월 22일

지은이 | 이진우·백경희 지음

펴낸이 | 임말희
펴낸곳 | 눈출판그룹

출판등록 | 제399-2017-000042호
주소 | 경기도 남양주시 화도읍 가곡리 16-19, 2층
전화 | 031-594-0893
팩시밀리 | 031-572-3833
이메일 | tropisme@naver.com

값 15,000원

ISBN 978-89-94347-60-8 (03180)

파본이나 잘못된 책은 바꿔드립니다.

이 도서의 국립중앙도서관 출판시도서목록(CIP)은 e-CIP 홈페이지(www.nl.go.kr/ecip)에서 이용하실 수 있습니다.
(CIP 제어번호 : 2019006094)

너 자신을 알라

gnōthi seauton

–소크라테스

불행한 삶은 아니지만 나는 삶을 즐길 수 없었다. 항상 나보다 나은 형편의 친구들과 자신을 비교하고 스스로 이뤄낸 것에 만족감을 느끼기 보단 아직 채워지지 못한 부분을 찾아서 그 부족함에 허덕이는 내가 있었다. 나는 SNS를 통해 연결된 온라인 인맥관리를 누구보다 열심히 하였고, 친구들과 함께 있을 때나 일을 할 때 심지어 가족과 있을 때에도 무엇인가 해내야 된다는 압박감에 시달렸다. 이런 식으로 나 자신을 화려하게 포장하는 가면은 진정한 나 자신으로 살 수 없게 했다.

나는 이런 삶에 진절머리를 내면서도 자연스러운 나로 타인과 함께 있는 것에 대해서는 두려움이 앞섰다. 남에게 보이는 포장을 벗겨낸 나는 초라하고 능력 없고 못나고 그러면서도 원하는 것은 많은 욕심쟁이로 비치지 않을까 항상 노심초사했던 것이다. 그

러나 이대로 살다가는 내가 원치 않는 인생 길에 놓일지도 모른다는 불안감이 스치면서, 진정한 행복도 찾고 보다 주도적으로 살아가는 법을 알고 싶어서 정신분석가를 찾게 되었다.

♣ 안녕하세요. 선생님을 찾아오기까지 큰 용기가 필요했습니다. 지금 제 모습이 어떠한지를 인정하는 데에도 어려움이 있었죠. 근본적이고 철학적인 질문일 수도 있겠지만 단도직입적으로 궁극적인 삶이 무엇인지 궁금해서 선생님을 찾아오게 됐습니다.

그래요. 삶에 대한 궁금증을 갖고 있군요. 당신을 만나서 반갑고 자신의 삶을 찾아가는 데 우리 대화가 도움이 될 수 있으면 좋겠군요. 지금 고민하는 것이 어떤 물음에서 출발한 것인지 말해줄 수 있나요?

♣ 사람들은 누구나 행복해지기를 원합니다. 그러나 진정한 행복은 이룰 수 없는 꿈처럼 보입니다. 모

두가 그토록 필사적으로 행복을 추구하지만 대다수의 사람들에게는 행복이 다가오지 않는 것처럼 느껴집니다. 우리들이 무슨 잘못을 하고 있는 걸까요? 무슨 이유로 그 많은 사람들이 나름대로의 불만으로 고통스러워하고 있는 것입니까? 우리가 살고 있는 이 시대가 잘못된 것인지, 우리의 바람이 너무 많아서 그런 것인지, 그것도 아니라면 애당초 우리가 그릇된 것을 바라기 때문일까요?

당신은 잘못된 것을 바라는 것이 아닙니다. 행복한 삶을 추구하는 것은 많은 이들이 원하는 것입니다. 어떤 사람들은 이미 인생을 즐기며 살아가고 있기도 하죠. 이 사람들은 인생을 철저히 살아내며, 매 순간 순간을 사랑하는 사람들입니다. 인생에 대해 구구절절 이야기를 늘어놓기 보다는 주어진 삶을 충실히 살아가고 있습니다. 반면에 앞서 말한 바와 같이 많은 사람이 매일의 일상을 향유하지 못하고 있는 것 또한 사실입니다. 삶을 즐기는 사람과 그렇지 못한 사람의 차이는 단지 행복의 기술을 아느냐 모르느냐 그 차이지요.

♣ 네? 행복의 기술이요? 기술이라면 춤이나 노래처럼 배울 수 있는 성질의 것이라고 보시는 건가요? 제 생각에 사람은 행복하든지 그렇지 않든지 둘 중의 하나지 스스로 행복해지기로 결정하는 건 불가능하다고 보이거든요. 행복해지기 위해 필요한 무언가는 할 수 있겠지만 행복 자체를 느낄 수 있다고는 생각지 않습니다. 자신에게 행복을 줄 수 있다고 믿는 것을 추구할 수는 있겠지요. 예를 들어 누구나 갖고 싶은 외제차를 몰고 건물을 소유할 만큼 거대한 부를 추구하거나, 존경 받고 칭송 받을 수 있는 명예를 얻거나, 모두에게 영향을 미칠 만큼 막강한 권력을 갖거나, 아니면 제일 손쉽게 잘난 외모와 좋은 몸매를 가질 수도 있겠죠. 하지만 실제로 그 사람을 행복하게 해줄지는 그것을 갖고 난 후에나 알게 되지 않을까요? 갖기 전까지는 아무도 모르는 것 아닙니까?

어떤 의미에서는 그럴 수도 있겠지요. 그런 생각이야말로 사람들이 행복을 추구하는 데서 갖게 되는 중요한 생각의 하나죠. 사람들은 자신을 행복하게 해줄 그 무엇이 존재한다고 생각하고 그것을 붙잡기만 하면 행복해질 거라고 생각합니다. 행복이란 것이 자기 앞에 나타나길 바라는 것이죠.

이런 사람들은 행복해지기 위해서는 무엇이 있어야 된다기 보다 자신에게 스스로 뭔가를 해야 한다는 사실을 모르고 있는 겁니다. 사람들은 새로움을 추구하면서 외국어나 물리학, 스쿠버다이빙 등을 배우는 데는 무진 애를 쓰면서 정작 자신을 다루는 법을 배우는 일엔 서투르고 귀찮아하기까지 합니다.

♣ 말도 안 돼요! 자신을 다루는 것을 귀찮아 하다니요. 저에게는 그 말이 마치 우리가 우리 자신의 완벽한 통제하에 단추를 눌러서 조작될 수 있는 그런 기계 같은 존재라는 소리로 들립니다. 그리고 삶을 살아가는 데서 자신을 다루는 기술이란 게 있다면 그건 보다 자연스러워야 하는 것 아닌가요?

삶 자체에 자연스럽게 녹아 있어야 한다는 것에 동의해요. 아마 그래야 되겠지요. 하지만 우리 대부분은 자연스럽게 삶을 살아내지 못 합니다. 우리는 어떻게 살 것인가에 대해 답을 가지고 태어나지 않았습니다. 아쉽게도 삶을 살아가는 방법에 대해서도 적절히 안내 받지 못 했습니다. 표현상 비유적으로 행복의 기술이라고 말은 했지만 삶에 기계적인 것은 없습니다. 그래도 삶을 자연스럽고 진솔하게 향유하기 위해선 태어나면서부터 삶을 경험하고 배워야 한다는 것은 사실입니다.

♣ 이해하기가 힘드네요. 삶을 경험하고 배워가는 것에 대해 좀 더 자세히 말씀해 주세요.

가장 먼저 알아야 할 것은, 우리가 자신만의 일그러진 거울로 삶을 보고 있다는 사실입니다. 삶의 원천은 외부에 있는 것이 아니라 우리들 내부에 존재합니다. 우리 대부분은 자신의 잠재력을 깨울 시도조차 하지 않았습니다. 자기 능력의 극히 일부만을 사용하고 있다는 얘기죠. 자신의 잠재력은 무시한 채 누군가가 행복의 열쇠를 쥐어 주기만 바란다면 앞으로도 다를 바 없는 나날들을 맞이하겠지요. 행복의 나라는 우리 자신 속에 있다는 것, 우리 자신이 이미 그 열쇠를 갖고 있다는 것을 알아야 합니다. 이건 마치 우리가 충만한 삶을 시작하기 전에 그 허락을 기다리는 것과도 같습니다. 우리에게 그것을 허락할 수 있는 사람은 바로 우리 자신이죠. 삶에서 일어나는 모든 일은 궁극적으로 자신에게 귀결됩니다. 따라서 우리는 스스로 선택할 권리를 가졌고, 자기 삶에 책임을 져야 한다는 사실을 우선해서 알아야 하죠.

♣ 여전히 이상하게 들리네요. 행복이 자신에게 달렸다면 그건 우리가 어떤 마법의 스위치라도 가지고 있어서 전등을 켜듯이 행복을 밝힐 수 있다는 건데, 그렇다면 왜 모든 사람들이 그렇게 하지 못하는 거죠?

인간 내면은 복잡하고 다양하게 결합되어 있어서, 한마디로 설명하기란 그리 간단치 않지요. 행복도 인간마다 특성이 다르기 때문에 단언하기 힘들 수 있고요. 방금 본인의 언어로 비유

해준 것처럼 삶의 행복을 켜는 마법의 스위치가 혹시 있다면, 저는 이것을 삶에 대한 태도 변화를 맞이하는 스위치라고 말하고 싶군요. 모두 그 스위치를 가지고 있지만, 이미 익숙해 있는 자기 파괴적인 삶의 방식이나 태도를 바꾸려고 노력하는 사람은 드물죠. 인생을 책임지는 삶의 태도를 갖는다는 것은 맞닥뜨리는 모든 일에 대한 접근 방식에 근본적 변화를 가한다는 것인데 사람들은 대개 이러한 변화를 싫어합니다. 자기 인생에 대한 책임을 회피하려고 애를 쓴다는 거죠.

예를 들어 우리는 부정적인 감정이 들 때 우리의 기분을 상하게 한 것에 대해 다른 사람이나 사물을 쉽게 비난합니다. 큰 것부터 작은 것까지 주변에서 일어나는 좋지 않거나 마음에 안 드는 것은 모두 남 탓으로 돌리는 경우도 있습니다. 종종 자신의 감정이나 상태에 대해서도 마치 외부에서 흘러 들어온 방문객인 것처럼 말하기도 합니다. '나는 그렇게 느꼈다.'라고 하지 않고 '그런 감정이 나를 엄습했다.'고 표현합니다. 우리가 마치 어떤 불가사의한 힘에 눌린 무기력한 존재인 것처럼 말이죠. 우리 감정이 어찌해 볼 수 없는 날씨라도 되는 것처럼 맑았다 흐렸다 한다고 얘기하는 겁니다. 감정을 통제 불능의 날씨 같은 것으로 보는 이런 생각은 꽤 쓸모가 있습니다. 그건 우리가 느끼는 방식에 면책할 구실을 주거든요. 하지만 이것은 선택의 기회를 스스로 떨쳐버리기 위해 자신을 왜소화시키는 것에 지나지 않습니다.

감정이란 신비한 존재로, 자연스럽게 생겼다 한동안 머물기도 하고 금새 사라지기도 합니다. 예를 들어 뭔가에 대해 내가 화가 났다든가 당황했다고 가정해 보죠. 나 자신이 접시를 깨며 울분을 터뜨리는 행동이야 억제할 수 있겠지만 실제로 화 나고 당황스러운 감정 자체는 지울 수 없을 겁니다. 어쩌면 감정을 지우고 싶은 마음 자체가 안 생길지도 모르죠. 내 마음을 상하게 하는 일이 생겼다면 그 속상함도 결국은 내가 느껴 볼 권리 같은 것이니까요. 사람은 환희의 감정 못지않게 고통의 감정도 자기 것으로 느낄 권리가 있습니다. 느낄 수 있는 모든 감정을 느끼는 것은 진실로 인간적인 것입니다. 자신의 감정을 자연스럽게 느끼고 타인과 소통을 하는 데서 희망적인 것은, 우리 모두가 배워가면서 자신을 어느 정도는 통제할 수 있다는 겁니다.

♣ 정말 그게 가능할까요 ? 자기의 감정을 통제할 수 있다면 그건 아주 멋진데요 ! 어떻게 우리가 스스로를 통제할 수 있습니까 ?

자신을 통제하는 데는 여러 가지 방법이 있을 수 있으나 우선 나 자신의 기본적인 태도를 알아야 합니다. 이를 위해서는 나는 자신을 존중하고 싶은가 경멸하고 싶은가, 그리고 나는 나의 친구인가 적인가 이 두 가지를 자문해 봐야 합니다. 이건 상당히 이상하게 들릴 수도 있는데 어떤 사람은 자기 자신에게 가장 나쁜 적일 수 있습니다. 내가 스스로를 어떻게 생각하는지 구체적으로 알아가는 것이야말로 자기 감정을 알아가는 첫걸음이 됩니다. 이렇게 내 기본적인 태도를 알고 나면 자신을 즐겁고 편안하게 해주는 방법도 배우게 됩니다. 자기 감정을 잘 다스리고 싶다면, 기분 망치는 일을 하지 않고 기분을 좋게 하는 것들을 선택해야 되겠지요. 그러나 문제는 사람들이 때로는 유쾌하지 못한 감정에 집착한다는 것입니다. 어쩔 때는 그런 부정적인 감정을 일부러 부채질하기도 합니다. 자기가 무엇을 하는지도 모르면서 스스로 그 감정을 불러일으키고 증폭시키는 겁니다. 속상한 일을 자초해 놓고는 그 감정에 빠져서 나 자신에 대해 '어쩔 수 없지'라고 말합니다. 이러한 행동을 하는 대부분의 사람들에게 '어쩔 수 없다'는 말이 진실로 뜻하는 것은 '나 자신을 위해 나는 아무것도 안 하겠다'는 것이죠.

♣ 듣고 보니 어렴풋이 떠오르는 게, 나도 어쩔 수 없었던 일들이 있었던 것 같습니다. 결국 내 선택을 통해서 나 자신을 즐겁게 할 수도 있고, 괴롭게 만들 수도 있겠군요.

그렇죠! 우리가 경계해야 할 건 스스로 마음을 오염시키는 데 있어서 우리는 대중매체 같은 것의 도움 없이도 자기 파괴적인 행동을 선택하는 일에 매우 익숙해 있다는 것입니다. 놀랍게도 자신을 경멸하는 일은 따로 배우지 않아도 하게 됩니다. 자기 잘못이나 단점은 귀신같이 찾아내고 심지어 있지도 않은 잘못까지 만들어 내지요. 이런 사람에게는 자부심을 가지는 것이 하나의 도전처럼 어려운 일일 수 있습니다. 자신을 경멸하는 마음의 과정은 우리의 밝은 면을 송두리째 덮어버리는 장막

과도 같지요.

♣ 그렇지만 실제로 자기 자신을 안 좋게 느낀다면 그 것 또한 거짓 없는 감정 아닐까요?

물론 자신을 부정하고 부적절한 존재로 여기는 것, 그 자체도 자신의 모습이겠죠. 그렇지만 사람들이 스스로를 비참하게 깔아뭉개는 것은 그들에게 자연스러운 과정일 뿐 궁극적으로 좋아서 즐기는 그런 마음은 아닙니다. 자신을 부정적으로 느끼고 사고할 때는 이미 내적으로 갈등이 심한 상태인 거죠. 마음 한 부분은 진정한 자기를 짓누르고 있지만 또 다른 부분은 그렇게 하면 안 된다고 울부짖는 상태라고나 할까요. 이건 자신에 대해서 애정을 가지고 있느냐의 문제이기도 합니다.

한 남성은 자신이 기억하는 한 아주 어려서부터 아버지에게 '쓰레기 같은 놈'이란 말을 듣고 자랐습니다. 본인 기억에도 행동들이 한심했기에 무의식중 그도 자신을 '쓰레기 같은 놈'이라고 생각하며 살아왔습니다. 생활 전반에 자신을 쓰레기 같다고 생각하는 태도는 남들과의 관계에서도 어려움을 겪게 했어요. 사소한 일도 확신을 가지고 남들에게 제대로 말할 수 없었고, 어느 순간 화가 나면 자신이 느낀 감정보다 훨씬 더 강하고 충동적으로 상대를 비아냥거리거나 공격적으로 대하는 태도를 보였지요. 의도되기 보단 순식간에 일어나는 일이라 그도 어쩔 도리가 없었죠. 후엔 자신조차 그 충동적이고 공격적인 행동이 부끄러워 숨기 일쑤였어요. 이렇게 그는 남의 눈치를 보면서 '쓰레기 같은 놈'이라고 자책하며 더욱 주눅이 들었지요.

당신도 이처럼 자기 혐오에 빠져 있다면 그 감정이 어떤 과정을 통해 흘러 들어왔는지 알아보려는 노력을 해야 합니다. 어떤 행동을 하려고 할 때, 과연 그로 인해 갖게 될 기분이 자신이 진실로 느끼고 싶은 감정인지 아닌지 자문해 보는 것도 마음의 과정을 알아가는 첫걸음이 될 수 있습니다.

♣ 그렇군요. 남들이 모르는 삶의 비밀을 제가 알게 된 것 같군요.

이건 비밀이 아닙니다. 그들은 인정하지 않을 수 있지만 생각보다 많은 것을 사람들은 이미 알고 있어요. 가령 당신이 제한된 시간에 집중해서 해내야 하는 성취나 과업이 있을 때, 때로는 그것을 미루고 다른 것을 먼저 하고 싶은 유혹이 들 수도 있습니다. 그때는 자신에게 '이걸 미루었을 때 내 기분이 어떨까?' 생각해 보는 것으로 충분할지 모릅니다. 해야 할 일을 미룰 때 자신이 한심하고 싫어질 것 같아서 오히려 일의 완수를 통해 성취감이라는 멋진 기분을 느끼는 쪽을 선택하는 마음의 과정을 예로 들 수 있겠죠. 이는 성취감을 맛보는 것뿐 아니라 자신에 대해 책임을 다했다는 멋진 경험이기도 합니다. 집안일이나 숙제는 삶의 조그마한 부분일지 모르지만 당신이 자신에게 느끼는 감정은 인생 그 자체입니다. 어떤 일을 했을 때 내 기분이 어떻게 될지 미리 생각해 보는 과정에서 우리는 자신을 잘 알게 되는 어떤 놀라움을 발견하게 됩니다.

♣ 제 마음의 거울이 삐뚤어진 걸까요? 그 말을 들으니 오직 성과만 추구하는 자기 중심적인 사람들이 떠오릅니다. 그 사람들이 들으면 아주 좋아할 이야

기 같거든요. 환경의 다양한 요소들을 무시하고 자기 성과만을 위해 남을 희생시키는 사람들은 자기실현은 했을지 몰라도 함께 사는 인생은 아닐 것 같은데요?

자신의 욕구를 충족시키기 위해 남에게 몰인정하게 했을 때 그것을 잘한 행동이라고 생각할 사람은 많지 않습니다. 우쭐해지는 기분이야 들겠지만 내적으로는 괴로울 겁니다. 만일 주변은 생각 않고 자신의 욕구 충족만 바라는 일이 계속 된다면 그는 다른 선택을 해야 할 것입니다. 원하는 욕구를 충족하면서도 주변 사람들과 함께하는 방법을 생각을 해 봐야 한다는 것이죠. 그게 불가능하다고 판단되면 그것이 자신에게 얼마나 의미가 있는지 생각해 봐야 됩니다. 다른 것으로 충족되지 않고는 못 배길 만큼 그 다른 것이 중요하다면 자신의 현재 의무를 대신해 줄 사람에게 건강하고 정중하게 도움을 청해야 합니다.

어떤 예술가들은 자기에게는 가정이 어울리지 않는다는 것을 알고 결혼 대신 예술을 선택하기도 합니다. 그것도 괜찮습니다. 사업가 캐더린 앤 포터의 남편은 아내에게 그들의 실패한 결혼에 대해 이렇게 불평했을 거란 생각이 듭니다: "하지만 당신은 이미 결혼을 했지 않소." 자녀를 갖는 것도 서로 선택에서 시작된 결론이겠지만 아이를 갖게 되면 그들에겐 분명한 책임이 있습니다. 자신의 욕구를 위해 아이를 희생하게 해서는 안 되겠지요.

♣ 그렇게 자신을 인식하지 못 하면서 행동하는 사람들을 종종 보지요. 하려는 일들을 다 잘하고 싶지만 능력이 안 될 때, 그래도 어떻게든 선택을 해야 한다면 그때는 어떻게 해야 합니까?

중요한 질문을 해주었네요. 하고 싶은 것을 다 잘할 수 있는 사람은 드물기 때문에 형편에 따라 선택을 해야 하는 순간이 오지요. 자신에게 좋은 일을 마음이 시키는 대로 하는 건 실제로 힘든 일일 수 있습니다. 자신에게 만족을 주는 일을 한다는 것은 마음이 내키는 대로 하는 것 – 이건 방종입니다 – 과는 사실 정반대입니다. 중요한 건 자신에게 만족을 주는 일을 한다는 것은 당신이라는 인간의 고립된 한 부분을 기쁘게 하는 것이 아니라 당신의 전 자아를 만족시키는 것이며, 여기에는 당신이 타인들에게 갖고 있는 감정이나 관계성 그리고 책임까지 포함됩니다.

마음 내키는 대로 행동을 한다면 당신의 극히 일부분만, 그것도 일시적으로 만족시키는 것이 됩니다. 자신을 사랑하고 돌보는 일은 분명 자기 중심적인 일입니다. 그렇지만 자신에 대해서조차 그렇게 하지 못 한다면 타인 역시 사랑하기 힘들 것입니다. 성경에도 이르기를 "네 이웃을 네 몸처럼 사랑하라"고 하였지, "너 자신보다" 또는 "너 자신은 말고" 이웃만 사랑하라고 하지 않았습니다. 우리가 자신을 사랑하지 않을진데 어디서 타인을 위한 사랑을 끌어낼 수 있겠나요?

물론 자신을 사랑하지 않는 사람이라도 타인을 숭배할 수는 있습니다. 숭배는 남을 위대하게 하고 자신은 왜소하게 만들죠. 우리는 타인을 열망할 수도 있습니다. 대개 그 열망은 내면의 불완전성을 인식하는 데서 생기지요. 그러나 정작 이들은 타인을 사랑하지 못합니다. 사랑은 삶에 대한 긍정이며, 우리 모두의 내부에서 커나가는 것이기 때문이죠. 자신에 대한 사랑을 키우지 못 한다면 타인에게 줄 사랑도 없게 되지요.

♣ 살아가는 데서 가장 간과하기 쉬운 일이 자신을 인식하지 못 하는 것일 수 있겠네요. 저는 어린 시절이 지금의 저를 만들었다고 생각합니다. 어릴 때부터 경험해온 삶의 태도와 내가 나를 인식하는 것 사이엔 서로 연관성이 있을까요?

그렇습니다. 게다가 어린 시절의 경험에서 온 영향은 아주 크죠. 우리는 우리의 행동이 있는 그대로의 타인이나 사건들에 반응하는 것이라고 생각하기 쉽습니다. 그러나 실은 살아오면서 우리가 내내 씨온 내면 소설 속 등장 인물이나 사건들에 새로 만난 사람이나 사건까지 꿰맞춰버리는 경우가 많지요. 가령 어떤 사람이 어릴 때 어른에게 버림을 받았다고 느꼈고 그 느낌을 계속 이어왔다면, 그리고 이 사실이 그의 세계관을 결정하는 데 중요한 경험이 되었다면, 그는 이 경험에 계속 집착하기 위한 몇 가지 방식을 보이게 됩니다.

먼저는 어른이 된 지금에도 자기를 버릴 것처럼 보이는 사람들을 재빨리 골라내는 겁니다. 그는 이런 일에 아주 뛰어나죠. 이와 연관된 또 다른 방식을 들자면, 그는 상대를 쫓아버리거나 실제로는 그렇지 않은데 자신이 사람들에게 버림 받고 있다는 상상적 가설을 세웁니다. 어떤 방식을 택하든 타인을 예측함에 있어서 그는 매번 자신의 가설이 옳다는 것을 재확인할 뿐만 아니라 그것을 즐기기까지 하지요.

여기 한 젊은 여성이 있습니다. 그녀는 친구를 제대로 사귀어 본 적이 없었고 커서 사귄 남자친구와 헤어졌을 때도 그가 왜 헤어지자고 했는지 정작 자신은 이유를 몰랐다고 합니다. 가정에서도, 사회에서도 주변 사람들은 그녀를 유별난 사람이라고 생각했습니다. 안타깝게도 그녀는 주위 사람들을 대하고 있는 그녀 자신의 태도를 볼 수 없었습니다. 어린 시절을 돌아볼 때면 그녀는, 함께 놀던 친구들은 다 집으로 가고 땅거미가 지는 동네 어귀에 홀로 서성이는 어린 아이가 떠오르곤 했습니다. 지금 그녀의 모습도 그때와 별반 다르지 않습니다. 주위 사람들을 다 물리치고, 어두운 방에 홀로 널브러져 삶에 진저리를 치고 있지요.

오직 창가에 비치는 가느다란 가로등 불빛을 벗 삼아 차갑고 쓸쓸한 밤을 지새고 있습니다.

♣ 어린 시절의 경험 일부가 이렇게나 비합리적인 과정으로 현재의 삶에 살아 있다니 믿기지가 않네요. 이제 와서 농담 하시는 건 아니겠죠?

놀라울 겁니다. 자신이 이런 형편없는 경험을 스스로 맞이하고 있다는 걸 납득할 사람은 많지 않을 겁니다. 어떤 편견도 없이 나를 따라 생각을 가져가보면 어떨까요? 일반적으로 자신이 옳다는 걸 확인하는 것은 가장 만족스런 경험인 반면, 자신이 옳지 않다고 느끼는 건 우리에게 일어날 수 있는 가장 불안한 경험의 하나죠. 실수를 저질렀다고 느낄 때 그 사람의 자아는 상처를 받게 됩니다. 이런 느낌 자체가 자신이 틀렸다는 것에 대한 인정이 되지요. 내 경험 뒤에 있는 것이 아무리 비합리적인 과정이라 할지라도 스스로 그릇되었음을 인정하는 것은 모두에게 쉽지 않은 일입니다. 상담하는 환자가 한번은 이렇게 화를 낸 적이 있습니다. "하지만 선생 얘기대로라면 내가 인생의 절반인 50

평생을 허비한 꼴이 되지 않소."

어떤 사람들은 자신의 불행이 스스로 그 불행을 찾아다닌 결과였다는 것을 인정하기 보다는 같은 실수를 되풀이하는 쪽을 선택하기도 합니다. 이들은 잘못된 행동을 계속 하다 보면 그게 옳은 일이 될 수도 있다는 기대를 가지고 있지요. 그래서 자신의 시각을 현실에 맞추지 않고, 결국 세상이 그의 시각에 맞춰 따라오리라는 믿음으로 자신의 태도를 끈덕지게 유지하게 되지요.

이건 다른 사례인데, 어릴 때 받고 싶었던 인정과 같은 감정을 당시 못 받았다는 분노를 가지고 있을 경우는 현재 갖고 있는 비합리적인 세계관을 인정하고 버리는 일이 더욱 어렵습니다. 이들은 자신이 어릴 적에 얼마나 부당하게 대접 받았었는지 다른 사람에게 줄줄이 늘어놓을 수도 있고 그러한 분노가 자신 안에 살아 있다는 것 자체를 부정할 수도 있습니다. 달리 말해 살면서 그런 감정을 의식할 수도 있고, 아예 그러한 감정을 의식하지 못할 수도 있는데, 대개는 그럴 만도 하지요. 그들은 어릴 때 실제로 속은 경험이 있고, 어른이 된 지금에 와서는 자신을 속이고 있기 때문이죠.

열렬히 바라는 것을 주지 않은 사람들에게 분노하면서 자신의 열정을 소모하고 있다면, 실제 나에게 필요한 것을 얻기 위한 노력은 그 만큼 더 못하게 됩니다. 이들의 분노는 스스로를 있는 그대로 인정하는 것을 방해하고, 오히려 자신을 망치는 데 기여하게 되지요.

젊은 나이에 성공한 한 CEO가 생각납니다. 그는 친구들과 만남도 자주 가지고 되도록 많은 관계를 맺으려고 온갖 동호회에 참석하는 등, 사업을 성공시키기 위해 혼신의 노력을 다했습니다. 자신에세 부족한 부분을 가졌다고 보이는 여성이 매력적으로 느껴져 결혼도 하였지요. 그는 인생을 원하는 대로 살고 있다며 늘 자신만만해 했습니다. 그 스스로 완벽한 그림을 그리고 있다고 생각하던 삶인데, 어느 날 그는 사랑스러운 아이가 위험한 상황에서 넘어지는 것을 빤히 쳐다만 보고 있는 자신과, 그토록 사랑했던 아내와도 무덤덤해지고 다투는 일이 잦아지면서 다른 여성에게 끌리는 자신을 발견하게 되었어요. 아내 또한 그런 그에게 더 이상 못 참겠다며 불만을 터뜨리게 되었지요. 한편 그는 열이 펄펄 끓어 누워 있다가도 아버지가 부르시면 한 달음에 달려가는 자신의 모습도 보게 되었습니다.

> ♣ 저는 보통 사람들과 마찬가지로 특히 억울했거나 심하게 방임 당한 적은 없어요. 간절히 받고 싶었던 사랑과 인정 받는 경험은 조금 부족했던 것 같은데, 대체로는 부모님께 마냥 사랑을 받았던 것 같아요. 말씀대로라면 어린 시절에 바람만큼 정서적 지지를 받지 못한 것에 대한 분노가 내 안 어딘가에 있어도 지금은 알아차리지 못 하는 것일 수도 있겠지만...

우리는 부모 자식 간의 사랑과 관련해, 사랑처럼 보이는 것과 사랑은 다르다는 것을 인식하지 못 하고 살았을지 모릅니다. 꼭 방임과 학대가 있어야 어긋난 사랑이라고 볼 수도 없지요. 부모는 자신들의 모든 행동이 자식에 대한 사랑에서 비롯되었다고 얘기하지만 때론 의도치 않게 진정한 사랑이 아닌 다른 동기에서 시작되었을 수도 있으니까요.

만약 부모의 사랑이 참된 사랑이 아니라 희생을 요구한 사랑이라면 어떻게 될까요 ? 아이들은 부모로부터 표현된 사랑의 이면에 다른 감정이 놓여 있는 때, 감사함 보다는 죄의식을 느끼게 됩니다. 부모의 어긋난 사랑에 가려진 그 이면에는 대개 자기 부정의 감정이 놓여 있지요. 부모가 스스로를 무가치하게 만들려고 하는 자신의 한 부분을 자녀를 통해 만족시키려고 하는 경우도 있습니다. 이때 아이들은 희생을 요구 받게 되고, 언뜻 사랑을 받은 것 같은데 실제로는 자기 부정의 감정을 받았을 수 있습니다. 이런 감정이 사랑의 이면에 놓여 있을 때, 자녀는 자신이 혐오스럽고 존중 받을 수 있는 사람이 아니라는 평가를 내릴 수 있습니다.

여기 한 40대 여성이 있습니다. 그녀는 직장에 다니는 어머니 밑에서 성장하였습니다. 어머니는 몸이 허약해 잔병을 자주 앓았지만 직장을 놓지는 않으셨지요. 항상 말썽을 피는 오빠는 늘 가정의 골칫거리였어요. 그녀는 삶에 지친 우울한 어머니 얼굴을 떠올리며 아주 어릴 적부터, 어머니가 피곤한 일들에서 조금이라도 놓여나야 자기 얼굴이라도 쳐다보지 않을까 싶어 자기 일은 어떻게든 잘 처리해 내는 아이로 성장했습니다.

그 덕에 그녀는 사회가 인정 하는 여성으로 성장할 수 있었지요. 전문성을 발휘해 남들이 부러워하는 직장에 다닐 만큼 사회적 기반도 다졌고 경제적으로도 넉넉한 삶을 누리고 있습니다. 그러나 그녀는 친구들에게 수전노라는 별명으로 불리고, 아이는 유아방과 놀이방을 거쳐 지금은 유치원에 다니면서 엄마 퇴근 시간만 애타게 기다리는 상황이지요. 현관에 들어서면 달려오는 아이가 사랑스럽지만 유독 일로 지친 날이면 그나마도 잠시 느끼는 감정이고 귀찮아지기 일쑤라고 합니다.

10년 결혼 끝에 남편도 이제 그녀와 함께 살기 힘들다고 말합니다. 요즘 들어 그녀는 자신이 무엇을 잘못했는지 자책하기 시작했습니다. 열심히 앞만 보고 달려온 그녀의 텅 빈 가슴은, 이제 와 문득 삶을 무의미하게 느끼게 합니다.

다음은 한 20대 여성의 사연입니다. 비가 오는 어느 날, 중학생이었던 그녀는 수업 중에 교실을 뛰쳐나가 하염없이 울었다고 합니다. 그녀는 너무 괴로워 정신병원에 가길 원했으나 어머니가 부끄러운 일이라며 한사코 입원을 거절하셨다고 합니다.

어린 시절에 그녀는, 시작은 작은 이유였으나 왜 이토록 맞아야 하는지 모를 만큼 어머니에게 심한 매질을 당했고, 어느 날은 발로 차이기까지 하면서 무자비하게 맞아 온 몸에 피멍이 들기도 했습니다. 이 모든 기억들을 고스란히 간직한 채 어느덧 그녀는 20대 여성이 되었지요.

초등학교 시절에 한번은 교외 미술대회에 나가 입상을 하게 됐습니다. 그녀는 머리를 곱게 묶고 핑크색 드레스를 차려입고서 시상식에 갔지요. 그날을 떠올리며 그녀는 흙이 묻은 체육복 차림으로 단상에 오른 옆 친구가 부러웠다고 합니다.

당시 그녀의 단정하고 빈틈 없는 모습 뒤에는, 그토록 공부하길 원했지만 가정형편 때문에 상급학교에 진학하지 못 하고 도리어 남동생 진학을 위해 공장에 다니며 돈을 벌어야 했던 어머니의 이루지 못한 소망이 있었지요. 그녀는 공부를 잘 해야 했고 남들 앞에서도 반짝반짝 빛나야 했습니다.

이렇게 어머니의 대리 인생은 살아야 했던 그녀는 어느 순간부터 견디기 힘든 충동으로 자신을 드러내는 공격적인 행동을 시작했고 이후 그녀는 식구들에게까지 이상한 아이로 통하기 시작했어요. 급기야 자신도 남들과 다른 이상한 사람이라고 생각하기에 이르렀지요. 지금 그녀는 자기가 무엇을 원하는지조차 알 수 없다고 합니다.

자신이 받았던 사랑의 동기를 탐색해 봐야 하는 이유가 바로 이런 데에 있습니다. 사랑이란 이름으로 포장되어 받은 이런 자기 존재의 부정에 기인한 죄책감까지 진정한 사랑으로 보긴 어렵지만, 한편 자신도 모르게 생겨난 자기에 대한 이런 부정적 감정이 어디에서 왔는지 알아볼 수 있는 계기는 되겠지요.

♣ 사람들은 자신이 사랑 받았다고 혹은 사랑 받지 못

했다고 생각하지만, 결국엔 가시적으로 무엇을 하고 있느냐가 아니라 그렇게 하게끔 만든 내적 동기가 중요하다는 말씀이군요?

그렇지요. 무엇을 하게끔 하는 그것의 내적 동기를 알아보는 것은 우리 자신에게 매우 중요한 일입니다. 사람들은 매 순간 선택을 하고 있지만 스스로 선택한 것이라는 인정은 잘 안 하려고 하죠. 그러나 자신의 선택에 대한 책임을 받아들인다면 우리는 자유를 맛볼 수 있습니다. 더구나 자기 관심사나 흥미가 반영되었을 때라면 그 선택의 과정은 조금도 어렵게 느껴지지 않을 겁니다.

♣ 어렵지 않다구요? 어릴 적에 어머니가 하지 말라는 행동을 하고 되려 어머니한테 짜증 부린 기억들이 납니다. 금방 후회할 걸 뻔히 알면서도 그렇게 한 경험이 수없이 많습니다. 그런 생각이 날 때면 고함이라도 치고 싶단 말입니다. 나 자신이 어른스럽고 정중하길 바라면서도 실제는 못되게 군 경험

이 수십 수백 번은 될 겁니다.

그건 누구나 마찬가지죠. 당신이 현명하고 친절히 행동했을 때는 왜 생각하지 않나요? 왜 자신에 대해 승리가 아닌 패배의 기억에만 집착합니까? 많은 사람이 일종의 부정적인 자기 최면에 빠져 있습니다. 그들은 ⊟ 나는 ⊟ 언제나 못된 짓만 골라 하는 ⊡ 형편없는 녀석이므로 ⊠ 무엇 하나 제대로 하는 게 없고 앞으로도 나아질 것이 없다고 스스로 딱지를 붙이죠.

자기가 하고 싶은 일이 불가능할 거라고 미리 자신에게 확신시키지 말고 그 힘을 오히려 자신을 펼칠 수 있는 방법을 찾는 데 써야 하지 않을까요? 우리는 자신을 격려해야 합니다. 할 수 없다고 믿으면 아무것도 할 수 없습니다. 어떤 사람이 등산이나 대중 연설을 할 줄 모른다면 지금까지는 그것을 해본 경험이 없기 때문입니다. 때로는 그것마저 사실이 아닐 때가 있습니다. 자기가 뭔가를 할 수 없다는 생각이 들면 과거에 실제로 해본 경험마저 잊게 되죠. 해본 경험이 없더라도 그건 과거에 그랬다는 얘기입니다. 과거에 못 했다고 해서 앞으로도 못 할 이유가 어디

있나요 ? 지금까지 해온 것만 계속 한다면 사람은 변하지 않을 겁니다. 하지만 실제로 사람은 변하지요. 그것이 성장입니다.

♣ 그렇지만 나는 등산도 안 해봤고 정말이지 산을 오르는 그 힘든 과정은 도저히 할 수 없을 것 같습니다. 차라리 바닷가를 거닐며 자연을 만끽하거나 자동차 드라이브를 한다면 모를까...

바닷가를 산책하거나 자동차 드라이브에서 오는 즐거움도 크지요. 하지만 등산을 해서 산 정상에 올라야만 느낄 수 있는 그런 쾌감은 느끼지 못 하죠. 그건 한 번도 등산하는 것을 원하지 않았기 때문일 겁니다. 물론 어려운 일을 하려면 고통이 따르기 때문에 우선 대단히 하고 싶은 욕구가 있어야 합니다. 하지만 노력을 계속 하다 보면 어려운 일로부터 훌륭한 결과를 얻을 수 있죠.

언젠가 정신과의사인 친구가 어떤 여자 환자를 추천해 왔는데, 환자 기록에 대해서는 내게 아무 말도 하지 않았습니다.

일년 남짓 상담 했을 즈음, 그녀를 추천한 의사 친구에게서 전화가 왔습니다. "그 환자를 길에서 마주쳤는데 기분이 좋아보이더군. 생기 있고 행복해 보였어. 무슨 치료법을 썼나?" 나는 그게 뭐 그리 이상하냐고 반문했죠. 그랬더니 "그 환자, 정신분열증인 거 몰랐어?" 하지 않겠습니까. 나는 정말 몰랐었습니다. 따라서 그 환자를 기록과 연관해서 다루지 않았고, 그래서 좋은 결과를 얻을 수 있었지요.

동성애도 마찬가지입니다. 한때 정신분석가들은 동성연애자의 성적性的 선호도는 바꿀 수 없다고 믿었어요. 그런데 몇몇 분석가들이 그 이론을 거부하고 그들과 끈질기게 상담을 계속해 진정으로 변화를 원하는 사람 중엔 변화가 가능할 수도 있다는 것을 발견했습니다. 오늘날은 다양한 성공 사례가 보고되고 있지요. 동성애로 드러나는 면은 변하지 않았지만 이것을 보는 시각이 바뀐 것입니다.

이런 것이 소위 기대 충족이라고 하는 것입니다. 학교에서 열등생으로 취급 받던 학생들은 대부분 졸업 후에도 크게 성공

하기 어렵다는 생각들을 하지요. 교사가 그들에게 기대하는 정도와 실제 성취도 사이에는 밀접한 관계가 있습니다. 그들은 자신이 어떤 학급 – 명칭이야 어떻든 – 에 소속돼 있는지 알고 있죠. 그러니 스스로도 기대하지 않고 학습을 하게 됩니다. 열등생 중 많은 학생은 단지 배우는 속도가 느리거나 학습에 방해 되는 문제가 있었을 뿐, 대부분 올바른 격려와 자극이 있었다면 훌륭히 해나갔을 학생들이죠.

최근에 어느 구치소 소장이 자신이 감독하고 있는 수감자들에 대해 이런 이야기를 한 적이 있습니다. “한 사람을 있는 그대로 보면 현재의 그 자신으로 남을 것이나 그를 되어야 할 바람직한 인간상 또는 될 수 있는 인간상으로 본다면 언젠가 그렇게 될 것입니다.”

우리는 우리가 생각하는 것보다 훨씬 많은 것을 할 수 있습니다. 그러나 그 전에 자신이 원하는 인간상으로 변화될 수 있을 거라는 믿음이 있어야 합니다. 습관을 바꾸기 위해서는 긍정적인 자기 최면이 필요할지 모릅니다.

♣ 그건 긍정적인 사고와 비슷한데요? 나날이 새롭다든가 일일 신日日新 우일 신偶日新 하는 말들은 세상에 흔한 것 아닙니까? 그런 말들은 득得보다 실失이 많을 거 같은데요. 어려움을 부정하는 건, 그것을 극복하는 길이 될 수 없잖습니까. 그건 문제를 해결하는 것이 아니라 문제를 회피하는 게 되지 않습니까?

그렇게 말해 놓고 얼굴에 미소를 지을 순 있겠지만, 만약 그렇다면 당신은 여전히 같은 족쇄를 차고 있는 겁니다. 참 불행한 일이지요. 긍정적인 사고에도 진실은 있지만 그것만으로는 지나치거나 부족합니다. 습관을 고칠 때 의지나 결심에만 의존한다면 필요한 한 가지 수단밖에 사용하지 못 하는 것이 됩니다. 물론 확고한 결심도 필요하지요. 그러나 자신에게 강요하는 상황에서는 훌륭한 결과가 나오지 않습니다. 의지만으로 하려고 하면 자신을 존중하지 못하게 됩니다. 스스로를 강제하게 되면 변화, 곧 습관을 고치는 일은 외부로부터 부과되는 일이지 정작 자신은 개선할 뜻이 없다고 가정해 버리는 게 됩니다.

어린 시절부터 피아노 치고 노래 하기를 좋아했던 남학생이 있었습니다. 우연히 피아노 선생님으로부터 경연대회에 출전을 권유 받은 계기로 피아노와는 숙명이 된 거 같다고 합니다. 이후 예술학교에 진학하기 위해 그는 밤낮으로 연습을 했습니다. 그러나 결과는 낙방이었습니다. 부모는 아들이 다음 해에 다시 도전하길 바랐고 아이는 부모님 말씀에 따랐지요. 하지만 연이은 두 번의 실패로 어린 나이에 그는 큰 좌절을 겪고 말았습니다. 이제 그에게 피아노가 있는 작은 연습실은 소리 지르고 싶을 만큼 답답한 곳이 되었고 청중들이 있는 무대는 무섭고 떨리는 곳이 되었습니다.

이후 아이는 모든 일에 두려움이 앞섰습니다. 그는 친구가 없습니다. 그에겐 피아노만이 친구였고 놀잇감이었죠. 지금 와서 보면, 어린 아이가 원했던 것은 환호 속에 있는 멋진 모습이었지 꼭 피아노 연주를 원했던 건 아니었을지도 모른다는 생각이 듭니다.

진정한 의미의 성숙은 오로지 내면으로부터만 도출될 수

있습니다. 우리는 자신을 관찰하고 자기 편에 서서 의지를 사용하는 법을 배워야 합니다. 단, 어디까지나 자아의 힘은 저절로 우러나야 합니다. 물론 자신을 부드럽게 설득하는 일조차 안 된다는 것은 아니겠지요.

또 하나는 자신이 진실로 이루고자 하는 것을 달성할 수 있도록 의지를 집약시켜야 한다는 겁니다. 우리는 도저히 불가능한 목표를 제멋대로 세울 때가 많습니다. 마음 먹은 일은 다 할 수 있다고 생각하는 사람은 현실의 자아와 동떨어진 사람입니다. 능력에 한계를 설정하지 않은 믿음은 오만일 뿐이죠. 내적인 자아의 추구는 무한한 것입니다만, 그것도 각자의 현실적인 능력이나 흥미나 노력에 의해 제약을 받습니다.

그림에 대한 재능이 전혀 없는 사람이 화가가 되겠다고 결심하는 건 무의미한 일입니다. 재능이 부족하면 실제 그 방면으로 나아가고 싶은 욕망도 없을 테지요. 진실된 자아는 자신에게 전혀 낯선 것은 해보려 하지 않습니다. 어쨌건 자신의 능력을 무의식 중에 알고 있다는 얘기죠. 물론 사람은 해보고 싶은 것에 대해서 온갖 상상을 다 합니다. 그러나 이건 어디까지나 상상일 뿐 실제로 그렇게 하겠다는 건 아니죠.

간혹 우리는 환상의 세계를 활보하면서 이를 만끽하기도 하지만 많은 에너지와 시간을 허비하기도 합니다. 하지만 이는 자기 내면으로부터 우러나온 목표가 아닌, 남을 단지 기쁘게 해 주려고 한다든가 자기가 만든 환상에 불과한 목표를 달성하기 위해 자기의 의지를 사용하는 것일 때가 많죠. 이건 일종의 괴물을 창조하는 것과 같습니다. 자신을 살아 있는 자아 속에 가두어 놓고 기계 인간처럼 다루는 꼴이지요.

우리는 순전히 작위적인 의지로 모인 인간 집단을 많이 보아 왔습니다. 서로 친하게 지내려는 그들의 노력은 대단하지만 결과는 노력 만큼의 가치를 보여 주지 못 합니다. 이런 사람들은 같이 있어도 우리에게 즐거운 사람이 못 되고 그들 끼리도 서로 어울리고 싶은 사람들이 못 되지요.

앞의 예와 달리 자신의 밝은 면밖에는 못 보는 사람들도 있습니다. 그들은 지금 이대로가 만족스럽다고 생각하기에 뭔가 잘못돼도 자기와는 상관없는 일이라고 생각합니다. 요즘 이런 사람들이 많지요. 그러나 문제는 이 사람들도 내심에선 그렇게 믿지 못한다는 사실입니다. 이들은 자신이 위대하다는 것을 남들과 자신에게 끊임없이 확인시키고 또 확인 받아야 직성이 풀리는 사람들로, 이들 역시 마음에 빗장을 걸어 잠그고 자신도 모르게 뭔가를 감추고 있죠.

이들은 자신이야말로 지금까지 존재해온 사람 중에 가장 완벽한 사람이거나 가장 저열한 사람이라고 보는 경향이 있는데, 이 외에는 선택의 여지가 없다고 보므로 자신의 단점을 애써 안 보려고 하는지도 모릅니다. 문제는 스스로를 바라보는 이와 같은 방식을 버리지 못하고 완고한 태도를 취한다는 데 있어요. 이는 자기 내면을 들여다 보는 시각 자체를 거부하고 있기 때문에 생기는 현상이죠.

변화를 가지려면, 내가 현재 무엇을 적응적으로 처리하지 못 하고 있는지 알기 위해서라도 자기 내면을 응시할 수 있어야 합니다. 자신을 비하하거나 자기 감정을 도외시하는 자신만의 방식을 직시하고 진정한 자기를 인식할 수 있어야 하죠. 그렇게만 된다면, 자신에게 자긍심과 기쁨을 주는 일을 시작할 수 있습니다.

기업이 원하는 스펙을 갖춰 회사에 입사함으로 안전하게 사회생활을 시작했던 한 남성이 있습니다. 어느 날 그는 20년 이상 다닌 회사로부터 떠나달라는 말을 듣게 되었어요. 딱히 하고 싶은 일도 없었고 '그래도 어떻게 되겠지' 하는 생각에 그만둘 때까지 그는 어떤 준비도 할 생각을 못 했다고 합니다. 정작 회사를 그만두고 집에 있으니 홀가분하고 인생에서 자기만을 위한 시간을 갖게 돼 오히려 기뻤다고 합니다.

그러나 점점 날이 갈수록 뭘 해야 될지 모르는 상태에서, 하루는 빠르게 지나갔습니다. 그러다 차츰 아내와 아이들에게 눈치가 보이기 시작했고 주위 사람들의 시선이 두려워지기 시작했지요. 하루는 집에 있다는 것이 불현듯 불안해져서 서둘러 가방을 들고 근처 도서관을 찾았는데, 몇 년 전에 회사를 나간

옛 직장 상사를 거기서 만나게 되었어요. 그 상사였던 분은 회사를 그만두고 몇 년씩 직장을 찾지 못했다며 "그래도 자넨 나보다 젊으니 곧 찾을 수 있을 게야."하며 쓸쓸히 사라졌다고 합니다.

그는 지금 자신이 처해 있는 상황이 마치 어린 아이가 한 번도 경험하지 못 한 미지의 세계로 나가는 것처럼, 세상을 만나기가 두렵다고 했습니다. 이제는 누군가 자신에게 뭘 원하거나 지시하지 않으면 아무것도 할 수 없는 상태가 된 것이지요. 물론 그에게도 경제적인 어려움이 있었으나 죽을 만큼은 아니었고 부모 세대가 겪은 것만큼 혹독한 것도 아니었기에 딱히 따라 할 본보기도 없었습니다. 그는 자신의 일에 내적인 동기를 갖고 있지 않았어요. 진정으로 자신이 기쁘고 자부심을 느낄 만한 일을 하기보단 사회가 원하는 인물로 살아냈던 것이죠. 그래서 일이 자기 의사와는 무관하게 누군가에 의해 사라져버리자 곧바로 무기력해진 겁니다.

♣ 주위에 이런 상황에 놓인 사람을 여럿 보았는데 이

건 사회적인 문제일 수도 있지 않나요? 내적 동기가 없었다면 더 어려울 것 같은데 이런 걸 극복하려면 소위 어떻게 해야 될까요?

예를 들어, 자기가 이뤄 놓은 업적을 다시 인식하는 것도 방법이겠죠. 스스로 자랑스러운 일을 했을 때 그것을 생각해 보고, 자신을 찬미하고, 그 일을 하고 있다는 경험 자체를 즐기고, 또 그것을 받아들이는 겁니다. 우리는 자신이나 남에게 그러한 태도를 취하는 것에 익숙하지 않지요. 자신이 하려고 했던 일이 예상과는 다르게 흘러갈 때 자기 탓을 하듯이, 일이 잘될 때는 적극적으로 자부심을 갖는 것이 중요합니다.

자신을 있는 그대로 인정하는 것은 우리 자신에게 달려 있습니다. 타인으로부터 받는 인정이 자기에게 주요한 가치로 작용한다면, 인정 받지 못할 때는 원망이 생기고, 설령 인정 받는다 할지라도 그것을 거부할지 모릅니다. 중요한 것은 타인의 인정이 아니지요. 우리는 모두 칭찬 받고 긍정적인 시선 속에 살아가길 원하지만, 타인의 칭찬에서 오는 만족이 얼마나 순식간에 사라지는지는 모두 경험해 보셨겠지요? 자신을 칭찬할 때만 그 희열은 내면에 살아남게 됩니다. 타인에게 갈채를 받는 것도 괜찮은 일이지만, 자신에 대한 인정이 선행되었다면 외부의 환호는 대수롭지 않게 되죠.

몇몇 인기 가수의 비극이 여기에 있습니다. 그들은 자신의 위대성을 확인하기 위해 끊임없이 팬들의 환호를 필요로 하지요. 그러나 무대 뒤로 들어서는 순간, 환호는 싸늘한 냉기로 바뀝니다. 그 환호를 정작 자신으로부터는 받지 못했기 때문이죠. 아이들은 부모의 사랑을 받으려고 부모가 원하는 사람이 되거나 그렇게 살아가려고 기를 쓰기도 합니다. 그게 진실로 자기가 원하는 것인지 아닌지도 모르면서 부모가 원하는 것이 곧 자신이 바라는 것이라고 착각하며 사는 것이죠.

♣ 자신을 믿지 못 하기 때문에 뭔가에 대해 증명하려고 되풀이하거나, 내적으로 뭔가를 가지지 못한 아쉬움 때문에 물건을 자꾸 사 모으는 사람들은 항상 마음 한 구석이 텅 빈 그런 상태가 아닐까요?

바로 이 시점에서 이들 역시 그릇된 시각으로 삶을 보고 있다는 것을 알 수 있습니다. 돈환의 여성 편력과 같은 극단적인 예에서 우리는 그 광기를 볼 수 있지요. 우리 모두는 자신의 진가를 충분히 평가하지 못 하고 있습니다. 가령 어떤 사람이 일주일 동안 절식을 하다가 8일째 되는 날 도저히 못 참고 다이어트를 중단했다고 합시다. 그러면 그날은 다이어트를 시작하기 전보다 더 마구 먹어대겠지요. 하지만 그날의 과식은 그의 자괴감, 즉 일주일간 쌓은 공을 허물어버린 것에 대한 자책감에 비하면 아무것도 아닙니다. 그래도 일주일 동안 먹고 싶은 것을 참았다는 사실은 그대로 남습니다. 그는 이 사실의 가치를 스스로 높이 평가하고 다시 시작해야 합니다. 진실로 자기가 원하는 것이라면 말이죠.

여기서 우리가 간과하기 쉬운 것은, 8일째 되던 날 그가 참지 못한 이유는 먹고 싶은 욕구가 아니라 지난 일주일간 쌓아올린 훌륭한 모습을 이내 허물어버리고 싶었던 그의 유혹 때문이었다는 것입니다. 자신에 대해 진실로 기분 좋게 느끼는 것을 우리들은 대부분 받아들이기 힘들어합니다. 술 마신 다음 날에

숙취에 시달리면서 자신이 혐오스러울 때, 우리는 진정 어디서 즐거움을 느끼는지 자문해 볼 수 있습니다. 전날 밤의 유쾌한 기억인지, 다음날 아침에 밀려드는 참담한 자책인지……

♣ 내면에서 나쁜 목소리가 들려서일 수도 있겠죠. 우리 안에는 우리가 받아들이기 어려운 것들이 무수히 숨겨져 있지 않나요? 그게 실제로 분출되면 혼자서는 도저히 어찌 해볼 수 없는 거 아닙니까? 선생님 같은 정신분석가들이 하는 일이 그런 것 아닙니까? 사람들이 자기 안에 있는 이상한 것들을 탐색하고 인식하게 해서 결국 거기서 벗어나도록 도와주는 것이 아니냐고요? (부록 : 속마음 끌어내기 참조)

자신을 학대하는 이유를 알아가는 데, 정신분석이 도움이 되는 건 사실입니다. 어떤 사람이 편집광적으로 자신을 학대하면서 그 이유를 모른다면 그 사람에게는 분석 요법이 파괴적인 악순환을 탈피하는 유일한 수단이 될 수도 있지요. 정신분석은 그들에게 성장을 가로막고 있는 걸림돌을 인식하게 해서 그것을 없애거나 피해 가도록 도와줍니다. 그 걸림돌은 타인에 의해 놓여졌거나 자신이 만들어낸 것인데, 스스로 치우려 하지 않거나 그 걸림돌의 존재를 몰라서 치우지 못 하는 것이죠. 정신분석은 심리적인 억압으로부터 해방시키거나 자신을 다른 시각으로 보게 하는 데서 훌륭한 역할을 해왔습니다. 역사상 첫 번째 환자가 카우치에 눕혀지는 그 순간은 인류를 위해서도 위대한 출발이었을 것입니다.

그러나 카우치에 눕지 않고도 사람들이 할 수 있는 일은 많습니다. 자유연상 없이도 자신의 정신건강을 돌볼 수 있는 방법들이 꽤 있지요. 저의 경우는 전화나 온라인으로도 가능했습니다. 뿐만 아니라 정신치료 중에도 환자가 스스로 해야 할 일들이 있습니다. 대개 정신치료가 시간이 많이 걸리는 이유는 치유되는 것이 자신에게 달려있다는 것을 인정하지 않으려고 하기 때문이죠. 아무리 많은 카타르시스를 경험한다 해도, 아무리 많은 내적 통찰이 일어났다 하더라도, 환자 스스로의 노력 없이 변화는 거저 생기지 않습니다.

♣ 그러나 알코올 중독에 걸렸던 사람들을 보십시오. 눈물겨운 자제심을 볼 수 있지 않습니까? 그걸 두고 무가치하다든가 진실한 내적 욕구에서 비롯된 것이 아니라고 말할 수는 없을 것 같은데요.

그건 사실입니다. 그들의 불행은, 스스로 되고 싶지 않은 것이 되지 않는 데 노력을 쏟다 보니 진실로 되고 싶은 것에는 노력을 못 하게 된 데 있지요. 그러나 그들은 이미 중요한 걸음을 시작했습니다. 거기서부터 다시 나아가야죠. 내가 말하고 싶은 것은 우리의 내적 자기가 시키는 대로 하기 위해서는 우리가 가진 모든 것을 동원해야 한다는 것입니다. 나의 감정, 직관, 지력을 포함해 내 전부를! 만약 그렇게 한다면 거기로부터 나오는 이득은 엄청날 것입니다.

♣ 그런데 왜 사람들은 그렇게 하지 않습니까? 그렇게 사는 사람이 왜 그리 적을까요?

계속 그대로 고통스럽게 살아가는 것에도 보이지 않는 이

득들이 있기 때문이죠. 우선 우리는 그 고통에 익숙해 있습니다. 그렇게 사는 것이 속 편하다는 얘기죠. 마냥 하던 대로 하나의 나쁜 행동이 다음 것으로 이어지게 놔두면서 자기 패배를 답습하는 것도 일종의 안정감을 주니까요. 그러면 다음에 무슨 일이 벌어질지는 알 수 있거든요. 이런 방식은 우리들이 사는 세상을 이해할 수 있게 하고 예측할 수 있게 하며 또 어떤 의미에서는 다루기 쉽게 해 주는 것처럼 보입니다. 그게 종교의 가장 깊은 매력이기도 하죠. 오늘날 사람들이 왜 그렇게 불안에 떠는지 압니까? 주변의 폭력뿐만 아니라 세상일이 이해가 안 된다는 느낌이 사람들을 불안하게 하는 것입니다. 어느 것 하나 앞뒤가 맞는 게 없고, 도대체 설명이 안 되는 세상이죠. 사람들은 더 이상 무엇을 기대해야 할지 모릅니다. 세상일은 점점 더 불확실해지고 있지요.

사회의 혼란도 무서운 것입니다만, 인간의 내적인 혼란은 더 끔찍한 겁니다. 아주 어릴 적부터 우리는 이런 혼란을 체계화시키는 방법을 체득해 왔습니다. 과학자들처럼 인생을 출발한 것이죠. 차차 우리는 어떤 것은 나쁘고 어떤 것은 위험한 것이라고 구분지어 부르게 됩니다. 어떤 행동은 원하는 결과를 얻게 해 줄 것이나, 어떤 행동은 우리를 곤경에 빠뜨릴 수 있음을 알게 되는 것이죠.

♣ 어떻게 인간 내면의 혼란이 삶을 그리도 끔찍하게 만들까요?

우리들 각자는 '인생이란 이런 거다'라고 하는 일종의 가설을 세웁니다. 그것도 아주 어릴 때부터 말이죠. 아이는 태어나 자신을 의식하지도 못한 상태에서 이미 돌보는 이의 돌봄, 부모와의 관계, 형제들 사이의 관계나 환경 등을 통해 '외부 세상은 이런 거다' 하는 가설을 몸에 새기게 되는데 이 가설은 대개 아주 교묘하게 그가 살아가는 데 도움이 됩니다. 다만 성장하면서 새로운 경험을 쌓는데도 불구하고 이 가설을 고치려 들지 않는 것이 문제죠. 새로운 경험을 그 자체로 보지 못 하고 자꾸 낡은 발자취에 끼어 맞추려고 하는 것이 문제인 것입니다.

♣ 하지만 대부분 사람들은 자신이 그런 가설을 세우

고 있다는 것을 부정할 겁니다. 느낌이나 약간의 편견 혹은 어린 시절에 있었던 일에 대한 연상 정도면 몰라도 가설이라고 부를 만큼 복잡하게 설계하고 있지는 않을 것 같은데요?

사람들은 자기가 그런 가설을 설정하고 있다는 사실을 잘 모릅니다. 그 관념을 말로 표현해 보지 않았으니까요. 스스로는 인정하지 않지만, 알게 모르게 휘둘리며 살아가는 복잡하게 얽혀 있는 관념들이 사람에겐 다 있죠. 그것은 성性이나 공격성처럼 인간 삶에 강력하면서도 중요한 일에 관여하고 있는 것이라서 대부분 자신의 가설 안에 있는 그것들을 논의하기를 꺼립니다. 중요하다는 걸 암암리에 알면서도 그것에 대해 이야기해 보거나 검증하는 일은 피하는 것이죠. 신은 무아지경에서 세상을 창조했습니다. 우리 역시 마찬가지입니다. 반쯤 잠든 상태에서 자신의 세계관을 세운 다음, 마치 색유리를 통해 보는 것처럼 그 세계관이 자신의 삶을 채색하도록 놔두는 것이죠.

♣ 제기랄 그건 공평치 못 하네요. 반쯤 잠든 상태에

서 세운 것이니 잊으라는 건가요? 고통을 준 과거는 청산하고 새 출발을 하란 말입니까?

공평치 못 하지요. 인생 자체가 공평하지 않은 겁니다. 당신에게 시련을 준 그 사람들은 이미 면책이 되었습니다. 당신이 과거에 대해서 할 수 있는 일은 아무것도 없어요. 과거의 시시비비를 가릴 방법이 현실적으로 없는 것이죠. 햄릿은 비극의 주인공답게 원한을 갚았지만 결국 그에게 남은 것은 죽음과 도피의 삶뿐이었어요. 엘렉트라는 어머니를 죽게 했고 그 후 자기 집을 영영 보지 못하게 되었습니다. 그러나 우리 인생에는 또 다른 길이 있습니다. 그 길은 자신의 슬픔과 분노가 어디에서 오는지 알고 그것을 흘려 보내는 것이죠. 부모에게 내 인생 책임지라고 떼를 쓰듯이 자신에게도 자기 인생을 망치지 말라고 해 보십시오.

♣ 그러니까 모든 걸 지워버리라는 말입니까? 그 고통, 그 시련의 날들, 우리가 어릴 때 믿었던 모든 것들을... 우리가 그때 생각했던 것이 지금은 아무것도 아니라는 것을 인정해야 한다는 말입니까?

어떤 의미에서 그때 당신이 생각했던 것은 사실일 수 있습니다. 사람들이 이해하지 못 하는 건, 그 가설을 설정할 당시 본인은 그것을 이해하거나 받아들이기에 너무 어렸고, 상처 준 당사자들도 그렇게 할 수밖에 없었다는 겁니다.

♣ 내면으로부터 올라오는 말로 표현할 수 없는 일련의 불안과 내 나름의 시각이 이 세상을 있는 그대로 볼 수 없게 한다는 얘기 아닙니까?

아닙니다. 다만 이런 것이 우리가 우리 편에서 세상의 모습을 대하는 방식이라는 거죠.

우리는 가족이라는 세계에서 왜소하고 무력한 존재로 인생을 시작했습니다. 우리들의 무력은 가설이 아닙니다. 그건 사실이었지요. 우리는 세상에 태어나 자신이 원하든 원하지 않든 누군가의 돌봄을 받으며 성장하는 과정에서, 타인을 통해서 목적한 것을 이루는 법을 배웁니다. 이러한 세계에 대처하는 아이는 때로는 필요한 것을 얻기 위해 돌봐주는 이의 기분을 맞출 필요도 있었지요. 삶이 그렇게 하는 것에 달려 있었다고 해도 과언이 아닙니다. 살기 위해 어른들을 움직여야 했으니까요. 아이는 자기가 원하는 편안함, 달콤함, 안락함을 얻어내고 허기를 채우기 위해 어른들을 자기 편으로 만들어야 했죠. 어릴 때는 타인을 바라보면서, 그들에게 사랑과 동정심과 이해를 불러일으키는 것을 배우는 것이 옳았습니다. 한때 우리들은 무력한 존재로 누군가를 통해서만 원하는 것을 얻을 수 있었으니까요.

그런데 문제는 이런 무력함에서 시작된, 타인을 의식하는 감성을 성인이 된 지금에도 떨쳐버리지 못 한다는 것입니다. 과거에 현실이었던 것이 지금은 환상으로 바뀌어 삶을 지배하고 있는 것이죠. 성인의 삶에서는 타인을 만족시켜 주기만 한다고 모든 일이 성사되지는 않지요.

과거에 타인들이 우리에게 해줬던 것을 이제는 우리가 우리 자신에게 해주지 않으면 안 됩니다. 서른 살인데도 어머니가 세 살 때 식으로 자신을 사랑해 주기를 바랄 사람은 없을 것입니다. 우리도 어머니를 세 살 때처럼 대할 필요가 없습니다. 어머니가 화 내는 걸 이제는 두려워할 필요가 없지요. 그런 시절은 끝났어요. 이미 흘러간 겁니다. 우리는 우리 자신의 것입니다. 사람들은 대부분 이 점을 인식하지 않으려고 하죠.

♣ 왜 그럴까요? 왜 사람들은 내가 나 자신의 것이라는 자유를 누리려 하지 않는 겁니까?

자신에게 필요 불가결한 듯이 보이는 어떤 것을 놓칠까 봐 두려워하고 있는 것입니다. 프랑스의 철학자 루소가 자주 인용했던 말이 있습니다: "인간은 자유롭게 태어났지만 어딘가 그는 사슬에 묶여 있다." 그러나 "인간은 사슬에 묶여 태어났으나 자유로워질 수 있는 잠재력이 있다"고 하는 편이 더 진실에 가까울 겁니다. 사람들은 성장하고 난 후에도 그 사슬을 놓지 않으려고 발버둥을 치죠.

♣ 알겠습니다. 사슬에 묶여 태어났지만 맘 먹기에 따라서는 자유로울 수도 있다... 그런데 왜 우리는 그 사슬을 떨쳐버리기를 두려워할까요?

그것은 우리가 집착을 놓지 못 하는, 안정에 대한 유아기적인 희구 때문이죠. 자신을 왜소하고 무력한 존재로 여기는 한 우리는 보이지 않는 커다란 어른이 보호해 주는 듯한 착각 속에서 안정감을 느끼게 됩니다. 사실 그 어른은 별로 좋지 못한 사람이라, 내가 원할 때 원하는 것을 주지 못 했거나 내가 원하는 것을 알지도 못 했습니다. 게다가 우리를 나무라기도 하고 버럭 화를 내기도 했지요. 그러나 그 사람마저 가버리면 우리는 완전히 혼자가 된다는 느낌이었죠. 이것이 바로 어릴 때부터 우리가 무의식 중에 간직해 온 느낌입니다. 내적으로 어른한테 버림 받았다는 느낌에 사로잡혀 지금도 어린애처럼 그 느낌을 견딜 수 없는 사람은 이미 자신이 어른이라는 것을 모르고 있는 겁니다. 안전의 안정감이라는 유아기적 환상을 깨뜨리는 데는 용기가 필요합니다.

현재 30대 초반인 한 내담자는 초등학생들을 가르치는 선생님이었습니다. 그녀는 아이들과 있는 시간이 더 없이 즐거웠고 그들을 대변하고 그들이 원하는 걸 자신이 해줄 수 있다는 게 너무 좋았습니다. 그녀는 아이들과 헤어져 집에 돌아오면 환타지 소설을 밤늦게까지 읽었어요. 환타지 소설의 주인공이 되어 자신이 원하면 무엇이든 될 수 있는 그런 밤을 즐겼지요. 그 세계는 누구도 침범하지 못 하는 세계로, 상상의 나래를 무한정 펼 수 있는 그녀만의 공간이었습니다. 현실에선 동료들 사이에서 아이들을 대변하는 용감하고 소신 있는 선생님, 대단한 의지의 인물로 추앙을 받고 있었지요.

일을 해 나가는 과정에서 그녀는 조금도 자기 뜻을 굽히지 않았습니다. 그러다 보니 사무적인 일로 좌절을 겪어야 하는 상황들이 벌어지고 다시는 일할 수 없을 것 같은 수렁에 빠져 몇 날 며칠을 우울하게 보내기도 했습니다. 우울한 기분을 털기 위해서 다시 환타지 소설의 주인공이 되어 밤을 지새는 날이 거듭되었고, 이런 식으로 현실과 멀어진 생활을 반복하게 되었지요. 그녀는 어른이 되기 보다는 상상의 나래를 펴고 무엇이든 할 수 있고 될 수 있는 어린 아이로 살아가길 원했던 겁니다.

어른들의 그늘을 벗어나고 나면 우선 두렵고 무슨 일이 생길지 불안하겠지요. 그러나 자신만의 독립과 자기 본래의 모습을 소유할 때 마시는 공기는 우리에게 얼마나 가슴 벅찬 일이겠습니까? 그 순간이야말로 진정 성인으로서의 삶이 시작되는 지점이죠.

♣ 그 말을 들으니 그런 것 같군요. 멋지다는 생각도 들지만 뭔지 두렵고 황량한 느낌을 주는 것 같습니다. 자신의 의지로 세상에 대처하라는 뜻이군요. 그래도 뭔가 나를 뒤로 잡아끄는 느낌이 있는데 웬지 모르겠습니다.

당신만 그러는 게 아닙니다. 많은 사람이 그 걸음을 내딛지 못 하고 있지요. 이유는 그들이 홀로서기를 했을 때 무슨 일이 생길지에 대해 아주 왜곡된 생각을 하고 있기 때문이에요. 이건 또 하나의 유아기적인 믿음 때문입니다. 우리가 어릴 때 우리 세계에는 단 한 사람의 남자와 단 한 사람의 여자, 즉 우리 부모가 있었지요. 아이가 본 그들은 아주 거대한 어른이었을 겁니다. 어린 애한테는 자기 경험이 세상을 이해하는 유일한 방식이었을 테고, 그래서 그는 오직 한 사람의 남자와 한 사람의 여자가 있을 뿐이라는 관념을 갖게 되었을 테죠. 또 자신이 어른이 되려면 누군가 다른 어른을 거꾸러뜨려야 된다고 느꼈을지 모릅니다. 이런 식으로 아이는 오직 투쟁만이 살아남을 길이라 느끼며 인생의 경쟁 의식에 빠져 들었던 것이죠.

이건 사도 바울에게 떡을 하나 주려면 베드로에게서 그걸 훔쳐 와야 된다고 생각하는 것과 같습니다. 이런 인생관은 그들의 부모에게서 다시 찾아볼 수 있죠. 모두 같은 시각을 가진 사람들이니까요.

모두 골고루 나눠 가질 만큼 자원이 풍족하지 않을 때는 한 사람의 성취가 다른 사람들에게 분노심을 일으키게 됩니다. 이러니 매양 하는 일이 얼마나 절망적이겠습니까? 이런 상황에서 우리가 자기 삶을 손으로 움켜쥔다면 그것은 꼭 남으로부터 탈취해 오는 것처럼 느껴질 것입니다. 마치 부모한테 치명적인 일격이라도 가하는 것처럼 느껴진다는 것이죠. 이것이 사람들에게 홀로서기를 망설이게 하는 이유가 되는데, 이해가 갑니까? 그 결과가 그토록 남의 삶을 유린하는 것이 되는데 어떻게 감히 홀로서기에 나설 수 있겠나요 ? 자신의 인생을 시작한다는 것이 악당 같은 느낌을 주기에 견디지를 못 하는 겁니다. 그래서 물러서는 거지요. 그러나 그런 감정에 의연히 대처하면서 앞으로 나아가야 해요. 그게 바로 자기 주장의 대가니까요.

당신이 완전히 성숙하고 싶다면 이런 느낌에서 빨리 벗어나야 합니다. 당신이 파괴하고 있는 것은 당신의 부모가 아니라, 그들에 대한 당신의 공포와 당신을 지배하고 있는 그들의 권능이라는 것을 있지 마십시오. 당신은 무자비하고 때로는 원시적인 방법으로 그것들을 극복해야 합니다. 당신의 필요나 충동이나 희망을 어린 아이가 바라본 부모에게 계속 예속시키는 한 당신은 결코 자신 안으로 들어오지 못합니다. 당신이 진실한 자기 주장을 정립할 때, 여태껏 당신을 지배해온 과거의 망령 외에는 누구도 희생 당하지 않습니다. 망설일 수는 있겠지만 너무 오래 기다리지는 마십시오. 시간을 놓치지 않는다면 현실이 환상을 몰아내고 제 자리를 차지할 겁니다. 내가 아는 어떤 여자는 아이를 갖게 되면 그 아이가 자신을 죽일 거라고 상상하곤 했습니다. 그래서 마흔 다섯 살이 될 때까지 아이를 갖지 않고 기다렸는데,

그녀의 어머니가 정말로 그때 죽었습니다. 시간을 놓쳤을 때의 결과는 이처럼 비극적일 것입니다.

빈곤의 경제 질서, 즉 뭔가 결핍되어 있다는 느낌은 질투와 투쟁과 분노를 야기합니다. 그러나 이건 꾸며낸 엉터리 신화일 뿐입니다. 일종의 주술적 사고방식으로 앞으로의 세상에 뭔가 큰 영향을 줄 것처럼 허황되게 과장하는 것이죠. 그러나 절대 그렇지 않습니다. 당신이 이루려는 것은 어떤 사람에게서 무언가를 박탈하는 것이 결코 아닙니다.

당신이 뭘 하든 세상은 각기 자신의 일을 해 나갑니다. 사람은 자신의 열망과 신성한 노동의 대가를 위해 현실 세계에서 현실적인 것을 가지고 경쟁해야 합니다. 자신의 훌륭한 의견이나 인생관에 대해서는 남과 경쟁을 할 필요가 없습니다. 또 당신이 잘된다고 해서 누군가 잘못되는 것도 아니니 자신의 성공을 미안해할 필요도 없습니다.

세상에는 훌륭한 사람들과 가치 있는 것들을 담아낼 수 있는 무한한 여지가 있습니다. 우리가 어떤 것을 붙잡을 때는 다른 사람 역시 그걸 붙잡을 수 있지만, 그로 인해 우리의 기쁨은 커질지언정 그 여지가 줄지는 않을 것입니다. 따라서 남에 대해서 걱정하거나 죄의식을 느끼지 않고 자신의 일을 해도 됩니다.

우리는 실제로 풍요의 경제 질서, 즉 나눌 수 있는 것이 무한한 세계 속에 살고 있습니다. 모두에게 자기 몫이 돌아갈 만큼 풍족하지요. 우리의 인간적 원천을 개발하는 일은 결코 소모하는 것이 아닙니다. 그것은 우리의 가능성을 넓혀 나가는 것이죠. 그러나 그 원천은 그대로 있어 주지 않습니다. 지금 당장 캐내지 않으면 영원히 말라버릴지도 모릅니다.

사람들이 잘못 하는 게 또 하나 있습니다. 자신이 영속성을 가졌다고 생각하며 그걸 오늘 당장 하지 않더라도 내일이나 모레 할 수 있다고 생각하는 그것입니다. 무슨 게임을 하듯이 계속 하다 보면 결국 이길 거라고 생각하는 것이죠. 결국 상대방이 포기하고 내가 원하는 걸 내줄 수도 있겠지요. 그러나 이건 게임도 아니고 이겨야 할 대상도 없습니다. 오래 끌면 자신만 그 기회를 잃어버릴 뿐입니다.

영원함을 가진 사람은 없습니다. 제한된 시간을 가지고 있을 뿐이죠. 시간이야말로 우리가 항상 염두에 두어야 할 자원입니다. 우리가 성숙해지고 자신을 개발하는 데는 어떤 제약도 있을 수 없지만 다만 시간이 제한합니다. 우리 모두 그걸 알고 있지요. 점점 나이를 먹는다는 사실과 시간이 끼치는 영향에서 자유로울 사람은 없다는 것을. 우리는 각자 주어진 시간을 어떻게 살아낼지에 관심을 돌려야 합니다.

♣ 참 현명하고 아름다운 이야기입니다. 포장해서 집에 가져갔으면 좋을 정도로! 하지만 실제로 행하는 것은 쉽지 않습니다. 사람들에게 너무 많이 요구한다고 생각하진 않으세요? 누가 현실에 그토록 집요하게 시선을 두고 살아갈 수 있겠습니까? 저는 인생에 대해 약간은 알고 있다고 생각하지만 때때로 일상 속에서 시간이 한정돼 있다는 것을 잊어

버립니다. 의기소침해지고 조급해졌다가도 그것을 새롭게 확신할 필요를 느끼죠. 내일 무슨 일이 일어날지 걱정하기도 하고 먼 미래를 걱정하기도 합니다. 말씀하신 것처럼 인간이 그렇게 성숙할 수 있을까요?

완전히 성숙할 필요는 없습니다. 이건 사람들이 잘 모르는 또 하나의 사실이죠. 그들은 성인이 된다는 걸 자신이 열어젖혀야 할 어떤 문으로 생각합니다. 그 문으로 한 발짝 들여놓으면 다시는 돌아갈 수 없다고 여기지요. 성숙한다는 것은 편도 여행이 아닙니다. 어린 애가 때로 어른스럽게 행동하는 것처럼 성인도 어린 아이 같아질 때가 있지요.

다행스럽게도 이 둘은 서로 완전히 배타적이지 않습니다. 세대 차이라는 것도 단순한 차이 개념을 넘어, 결국엔 이어질 수 없는 것이 아니라 깊은 지점에서는 맞닿아 있지요. 많은 부모들이 직면하고 있는 것이지만, 대체로 그들에게 부족한 것은 이해하려는 노력과 남들이 나와 다르다는 것을 인정하는 마음입니다.

때에 따라서는 성숙치 못한 행동을 하는 것도 괜찮습니다. 완벽하게 어른스러운 사람은 약간 거북하니까요. 결혼이 멋지다는 게 바로 그거 아닙니까? 결혼은 대단히 성숙한 관계입니다. 남편과 아내는 서로에게 다양한 역할을 해줄 수 있죠. 서로에게 연인, 동반자 외에도 부모가 될 수 있고 놀이 친구도 되어줄 수 있습니다. 필요할 때는 상대에게 어린 애가 될 수도 있죠. 우리 모두가 그렇지 않습니까? 다만 곤란하게 될 때는 둘 다 동시에 어린애처럼 굴고 싶어 하고, 어느 누구도 그걸 포기하지 않으려고 할 때입니다.

어느 한 가지 역할만 상대가 해주길 고집하는 것은 어린 아이였을 때 자신이 마음으로 원했던 것, 그 부족했거나 결핍되었던 것을 지속적으로 취하려는 이기적인 태도지요. 그렇게 되면 어느 한 편이 상대적으로 받기 보단 늘 뭘 줘야 하는 입장이 되니 불만이 생기는 게 당연하지요. 또 부부는 자신이 개떡 같이 말하거나 행동해도 상대가 찰떡 같이 알아주길 원한다는 겁니다. 사실 단 한 사람이라도 알아듣는다는 것은 세상 모두가 알아듣게 되는 좋은 일의 시작일 수도 있겠지요.

♣ 그 말을 들으니 안심이 됩니다. 완벽한 성인이 될 필요가 없다니 정말 마음이 놓이네요. 실은 언젠가 어른스럽게 굴려다 남들로부터 그들을 얕본다는 오해를 사기도 했습니다. 사람들은 그걸 좋아하지 않았어요.

자신이 유치하다는 사실을 좋아할 사람은 없을 겁니다. 그러나 우리 모두의 마음에는 어린 아이 같은 심성이 있죠. 우리는 마음 속에 있는 그 아이에게 친절해야 하고 자신이 이렇다는 것을 스스로 존중해야 합니다. 사람들이 또 하나 알아야 할 것은, 어른이 되어서 어떤 습관 같은 것을 버릴 때는 한때 그것이 필요했던 네 살짜리 자신에게서 그걸 빼앗는 것이라고 생각해선 안 된다는 겁니다. 누구도 네 살 때 내게 일어났던 일을 빼앗을 수 없지요.

지금 할 수 있는 일은, 자기 안에 있는 그 네 살짜리 아이에게 애정을 갖는 것입니다. 어른들은 대개 네 살짜리 애들에게는 부드럽게 대하지요. 그러나 그들 자신이 그 아이처럼 행동한다고 느낄 때는 대개 전율합니다. 자신을 혐오하거나 자신의 일부인 그 아이를 부정하기도 하고, 어떤 사람들은 그 아이의 욕구에 매달리기도 하죠. 그들은 이렇게 하는 것을 어릴 때부터 시작했을 겁니다. 더 이상 다른 새로운 것을 받아들이지 못 했거나 안 했을 수도 있었겠지요. 성장 과정은 결국 새로운 경험을 쌓아간다는 것이므로 새로운 걸 발견할 때마다 옛날에 하던 방식이 유치해 보이기도 하고 싫어지게 마련이죠. 자기 혐오는 이렇게 시작되는 것입니다.

진실된 성장이란, 새로운 일을 해보고 그 과정에서 지금 하고 있는 방식이 잘못되었다는 걸 알았거나, 그 방식을 유지하고 싶지 않을 때 그것을 버릴 수 있는 용기나 신념을 갖게 되는 것을 말합니다. 새로운 도전은 재미와 흥분을 가져다 주지요. 겁도 나지만 거기에 매혹되기도 합니다. 그렇다고 과거의 자신을 경멸해도 된다는 뜻은 아닙니다. 이제는 보다 성숙하였으므로 더 이상 필요하지 않은 건 흘려 보내야 된다는 얘기죠. 어릴 때 우리는 음식을 손으로 먹거나 흘리면서 먹기도 했습니다. 그러나 숟가락, 젓가락질을 배운 다음에는 더 정확하게 먹고 싶은 음식을 잡을 수 있었고 도구를 써서 더 정교하고 말끔하게 먹을 수 있게 되었지요. 도구 사용을 익히고 나면 예전의 방법도 쓰지만 도구를 잘 사용하는 쪽을 당연하게 생각하게 되죠. 더 이상 손으로 먹거나 흘리면서 먹을 이유가 없으니까요.

♣ 그 말은 마치 아 벌린 입으로 감이 뚝 떨어지는 것만큼이나 쉽게 들립니다. 하지만 성숙해진다는 건 쉽지 않아요. 성장한다는 건 쉽지 않죠. 성장한다는 것은 고통스럽고 대단히 어렵습니다. 어디로 가야 성숙에 도달할지는 누구도 확신할 수 없을 겁니다. 너무 많은 불확실성과 모호함이 우리를 가로막고 있는 것처럼 보입니다.

물론이지요. 성숙의 아픔은 대단히 현실적인 것입니다. 애가 자라면서 새로운 단계로 나갈 때는 격렬하게 옛날 버릇을 떨쳐버렸거나 어쩔 수 없이 떨쳐버려야 할 때도 있습니다. 동시에 지금까지 해오던 방식이 이제는 필요 없는데도 여전히 부분적으로는 그렇게 행동합니다. 이런 행동은 주위 사람들에게 대단히 모순되고 불안하게 비쳐지게 되죠. 그렇다고 이전의 자신에 대한 부정성을 너무 깊이 파고들어도 결과는 성숙이 아니라 자기혐오에 빠지는 것이 됩니다.

우리는 과거의 자신에게 등을 돌릴 것이 아니라 지금까지 구축해 놓은 토대 위에서 성장해 나가야 하지요. 이전의 방식도 우리가 사는 데 훌륭한 역할을 해왔지만, 이제는 새로운 것을 찾아야 할 때임을 알아야 한다는 거죠.

♣ 누군가 얘기했지요 ? “진실된 성숙으로의 길은 진실한 어린 시절을 통해서만 가능하다.”

그렇습니다. 누군가와 진실한 소통을 경험한 어린 시절을 보내지 못했다면, 비극은 그들이 그 불우한 시절의 굴레에 사로잡힌다는 것입니다. 그들은 언젠가 자신이 가졌던 것, 가졌었다고 생각되는 것, 그리고 원했던 것을 어깨 너머로 힐끔거리며 인생을 살게 됩니다. 어렸을 때의 기쁨을 다시 움켜쥐려고 애쓰며 시간을 보내면 현재 어른으로 누릴 수 있는 즐거움은 느끼지 못하거나 갖지 못 하게 되지요.

♣ 예를 들어 중독자들이 마약이나 알코올로 현실을 도피하려는 현상과 비슷한 것이 아닐까요?

그렇습니다. 그들은 마약이나 알코올을 써서 현실을 잊고 행복을 찾아 옛날로 돌아가려고 합니다. 부질없는 짓이지요. 어려움이 있어도 앞으로 나아가야 하는데 말이죠. 하지만 이건 더 어려울지 모릅니다. 알 수 없는 미래는 불안하니까요. 아무도 과거로 돌아갈 수 없기에 그 시도는 더욱 절망적인데도 이들은 왜 과거로 돌아가려고 할까요? 과거로 돌아간다면 최소한 무슨 일이 일어날 건지는 알 수 있겠지요.

앞으로 나아간다는 건 기회를 붙잡고 지금까지 해보지 않은 새로운 것들을 해본다는 뜻입니다. 조금 전에 당신도 말했지만, 앞으로 나아가기가 어려운 것은, 미래에 무엇을 얻을지도 모르면서 너무나 익숙하고 당연한 지금의 것을 버려야 한다는 데 있지요.

이것이 바로 사람들이 고통스런 지금의 삶을 멈추려 하지 않는 이유입니다. 그들은 자신이 불행한 삶을 영위해 왔다는 것을 알지만 다른 대안이 있다는 건 믿지 못합니다. 윌리엄 포크너의 소설에 나오는 주인공의 대사가 생각납니다: "슬픔이나 무無 중에 택한다면 나는 슬픔을 선택하겠다." 그러나 우리의 선택은 슬픔의 삶과 충만한 삶 중에 하나를 선택하는 일입니다. 그 삶으로의 첫걸음은 고통스러울 겁니다. 고독과 상실의 아픔을 겪어야 할지도 모릅니다. 그러나 고독은 항상 있는 것이며, 상실은 옛날에 겪은 일인데도 그것에 매달려 있는 것입니다. 충만한 삶을 선택할 때 우리가 잃어버리는 것은 기껏해야 과거의 환상에 지나지 않습니다.

♣ 그것은 생소한 깨달음이겠군요. 처음으로 어둠에서 밝은 곳으로 나와 눈을 뜨고 세상을 보는 것처

럼... 마치 새로 태어난 것처럼 말이죠.

그렇게 되면 불안이 줄어들죠. 성인으로서 눈 뜰 준비가 되면 대처할 방법도 찾게 되니까요.

♣ 고독과 상실의 아픔을 겪어가며 첫 걸음을 내디뎌야 한다고 하셨는데, 그 걸음이란 무엇을 의미하고 또 어떻게 시작해야 하죠?

그것은 환상을 버림으로써 시작됩니다. 한꺼번에 하기는 어려울 테니 환상을 하나씩 포기하기 시작해야 한다고 말하는 게 맞겠군요. 그건 기본적인 단계라 어떻게 하는지는 아무도 얘기해 줄 수 없을 겁니다. 다만 뭔가 깨달음이 생겨야 하겠지요. 과거의 환상에 집착하는 것이 얼마나 무익하고 필요 없는 노력인지 깨닫는 것도 그 일부겠지요. 이런 무의미한 노력을 포기할 때 우리 앞에 무한한 흥분과 점점 더 현실적이고 객관적인 열정이 기다린다는 것을 절실하게 느끼는 것도 깨달음이 될 수 있겠죠.

♣ 그 말을 들으니 [새벽을 붙잡아라]라는 옛날 영화가 생각납니다. 그런데 깨달음의 새벽을 맞이하려면 무엇을 해야 합니까?

우선 주의를 집중시킴으로 시작해 볼 수 있을 겁니다. 어떤 일의 결과가 원하지 않는 방향으로 나타날 때는 그런 결과를 초래한 데 당신이 무슨 기여를 했는지 자문해 보십시오. 자신이 하고 있는 것과 현재 자신이 느끼고 있는 것과의 연관성을 주목해 보세요. 조용히 마음을 가라앉히고 몇 가지 질문에 답을 찾아보십시오. 왜 나 자신의 약점을 걸고넘어지려 하는지, 그렇게 함으로써 내가 얻은 결과가 무엇인지, 나 자신의 어떤 모습에 집착하는 건 아닌지, 내가 무기력하게 행동하면 누가 와서 대신해 줄 건지, 실패가 나를 연민의 대상으로 만들어 줄 것인지...

♣ 우리가 살면서 내내 써온 내면의 소설에 대해서는 앞에서도 얘기한 적이 있지요. 이건 일종의 연극, 즉 우리가 설정한 다른 등장인물들의 역할을 누군

가 맡아 주기를 바라면서 자신의 드라마에서 자기 배역을 연기하는 것과 비슷하단 생각이 듭니다. 그걸 환상이라고 한다면 우리는 왜 하필 자신에게 그렇게 수지 안 맞는 배역만 맡기는 걸까요?

바로 그겁니다. 그 배역이 보기 보다는 그렇게 수지가 안 맞는 것이 아니라고 생각하기 때문이죠. 우리가 자신에게 하는 나쁜 짓 가운데는 일종의 보상심리라는 게 있기 마련입니다. 처벌 또한 대단히 현실적인 보상이 될 수 있지요. 어떤 아이들은 벌을 받을 때만 사랑 받고 있음을 확인합니다.

연년생으로 두 딸을 둔 고집스런 한 아버지가 둘째 아이를 상담실에 데려왔던 기억이 납니다. 아버지는 자신의 명성에 먹칠하는 딸을 그대로 두고 볼 수 없었습니다. 사회가 도저히 용인할 수 없는 사고들을 치고 다니는 작은딸에게 아버지는 심한 매질을 했고, 아예 다리를 분질러 놓아 못 나가게 할 생각까지 하고 있었죠.

큰딸은 사회가 요구하는 것들을 성실히 해내고 있었어요. 작은딸은 머리가 유난히 좋았으나 언니가 해낸 것들을 자신은 할 수 없다고 단정 짓고 못된 짓만 골라서 하고 있었죠. 그런데 내게 온 작은딸은 그녀의 행동에 화가 나서 때리는 아버지를 미워하기 보단, 병원 치료가 필요할 만큼 무지막지한 구타를 안타깝게도 아버지의 사랑으로 느끼고 있었습니다. 나쁜 행동을 그만두기 보다는 더 큰 매질로 관심을 받고자 했던 것이죠. 벌 외에 부모에게 받을 수 있는 거라곤 무관심밖에 없었고 무관심이야말로 그녀에게는 가장 안 좋은 것이었으니까요.

그렇게 하다 보면 어른이 되어서도 한번 관계 맺은 사람들에게는 계속 동정을 불러일으키는 행동만 하게 됩니다. 단지 그들이 옆에 있다는 것을 느끼기 위해서, 자신을 온통 시궁창에 빠뜨리는 짓을 골라서 하게 되는 것이죠. 하지만 좋았던 그 남들은 더 이상 내 곁에 있지 않습니다. 내가 그간 치른 고통에 대한 보상은 어디에도 없는 것이죠. 우리는 유령들과 – 현재 살아 있는 사람들의 유령이라 할지라도 – 대화해 온 셈입니다. 어릴 적에 내 안에 들어왔던 그 헛된 유령들과 말입니다.

♣ 곁에 있는 것이 유령이라 할지라도 아무것도 없는 것보다는 나을 것 같은데요?

그게 비극이죠. 그들은 마음 안에 있는 그 보이지 않는 존재에 대해서 끊임없이 확인하지 않으면 자기 곁에 아무도 없을까 봐 두려워합니다. 내면의 대상들을 떠나 보낼 때는 당연히 단절의 고통을 겪게 되지요. 그 고독감은 성인이 된 사람이라면 누구나 알고 있는 것입니다. 이런 일을 결심만으로 해낼 수 있는 건 아니지만, 극복할 용기를 가지고 있다면, 또 실제로 해낸다면 떠나 보낸 유아기적 의타심과는 비교도 안 될 훌륭한 새 길이 열릴 것입니다. 그것은 서로 동등한 존재, 즉 성인(객체 客體) 대 성인(객체) 사이에서만 가능한 진실한 친교입니다. 바로 진실한 즐거움이 시작되는 순간이죠.

사람이 자기 자신을 완전히 소유할 때, 자신이 누구인지 알고 있고, 남이 아닌 바로 그 자신일 때 우리는 진실로 남에게 마음의 문을 열 수 있습니다. 남이 줄 수 없는 것을 얻어 내려는 노력을 멈출 때 비로소 우리는 남들이 실제로 줄 수 있는 것을 얻을 수 있습니다. 우리는 타인들과 더불어 온 세상을 넉넉히 공유할 수 있지요. 그러나 그러려면 우선 자기 안에 있는 세계로 들어가지 않으면 안 됩니다.

♣ 성인(객체) 간의 친교는 어린 애들이 알고 있거나 바라는 그런 친교와는 다르다는 겁니까?

다를 뿐만 아니라 훨씬 더 즐거운 일이죠. 만일 애와 부모 사이의 관계 외에 어떤 친교도 상상할 수 없다면 그 사람은 그 관계를 놓치지 않으려고 필사적으로 매달릴 것입니다. 하지만 동시에 그것은 두려운 일일 것입니다. 부모 자식 사이만의 친교는 그를 유아기적인 백치 상태로 돌려놓을 것이고 그 마지막 단계는 어머니 자궁으로의 회귀를 의미하게 될 테니까요. 자신을 왜소화 시키면서 어떤 거대한 존재 안에서 안식을 찾으려는 그런 관계는 자신의 자아가 소멸될지도 모른다는 두려움을 동반하게 됩니다. 그러나 성인 사이의 사랑은 우리를 왜소화 시키지 않습니다. 그것은 우리의 가치를 드높이고 위대하게 하지요.

♣ 사랑에 실패한다 해도 아픔은 생각보다 그리 대단치 않다는 뜻입니까?

누구도 사랑을 가지고 모험할 수는 없습니다. 사랑할 대상에게 내 마음이 거절 당할 수도 있으니까요. 어떤 이에게 내 속마음을 노출시켰을 때 상처 받을 가능성은 항상 있는 법입니다. 사람들이 아예 사랑하지 않는 쪽을 택하는 이유를 아시겠죠? 사랑에 반드시 따르게 돼 있는, 적나라한 노출의 고통을 겪느니 차라리 마음을 꼭꼭 닫아걸고 살겠다는 겁니다. 그러나 성인은 사랑할 때 자신의 전 존재를 걸지 않습니다. 상대가 어떻게 반응하든 자신의 존재를 그대로 지닙니다. 연인을 잃더라도 자기 자신을 그대로 간직하고 있지요. 그러나 상대방이 사랑으로 내 존재를 구축해 주기 바란다면, 그 사랑하는 사람을 잃는 순간에는 나 자신도 붕괴될 수밖에 없습니다.

♣ 열렬히 사랑하는 사이에서도 자신의 독립성을 지켜야 한다는 말입니까?

깊은 사랑의 순간에는 독립된 자아에 대한 인식이 없어지겠지요. 그러나 서로의 자아를 깊이 공유한다고 자신의 존재까지 소멸되는 것은 아닙니다.

♣ 저는 사랑 없는 인생은 원치 않습니다. 사는 동안 늘 사랑이 함께하려면 어떻게 해야 할까요?

누군들 그렇게 살고 싶지 않겠습니까? 사랑이 곁에 있을 때 당신의 모든 것은 충만하고 풍성하게 됩니다. 그러나 사랑이 항상 주위에 있는 것은 아니지요. 남녀의 사랑만이 아니라 어떤 사랑이건, 그 소중함은 사랑을 주고 받을 대상이 주변에 없을 때 어떤 기분인지 떠올려 보면 알 것입니다.

저희 고모할머니 생각이 납니다. 이제 80대 중반이신 이분은 캘리포니아 사막 인근에 있는 마을에서 홀로 살고 계시죠. 언젠가 한번은 어떻게 소일하고 계시냐고 여쭸더니 요즘 너무 바빠서 통 시간이 없다고 하시더군요. 최근에 한번 찾아 뵈었을 때 나는 그 말이 무슨 뜻인지 알게 되었습니다. 우리가 거기 머무는 동안에도 할머니는 문학토론회 활동에 열심이셨습니다. 정해진 책을 미리 읽고 손님들에게 대접할 케이크도 손수 구우셨지요. 창작 강좌에도 자주 출석하곤 하셨어요. 그런 활동 외에도 화초를 가꾸고 사람들을 찾아다니고 친구나 친척, 라디오 토크쇼에 출연한 사람들과 서신 왕래도 하고 계셨죠. 이분은 바쁜 일을 자꾸 만들어 낼 뿐 아니라 자기가 하고 있는 모든 일을 즐기고 계셨습니다. 몇 년 전엔 혼자 해외여행을 가셨어요. 댁으로 돌아가는 길에는 며칠 우리 집에 묵으시며 모처럼 즐거운 시간을 보냈습니다. 할머니는 우리들과 함께하는 시간을 언제나 좋아하셨지만 우리가 바빠서 찾아 뵙지 못 해도 늘 행복해 하셨어요. 우리들이 찾아와 자신을 즐겁게 해주길 바라는 기색이 전혀 없으셨지요. 그분은 "나 좀 즐겁게 해줘" 하는 듯한 표정을 지으신 적이 없었어요. 스스로 인생을 즐기는 법을 알고 계셨지요.

♣ 결국 '어떻게'라는 문제로 되돌아오는군요. 자신을 즐겁게 하는 방법을 어떻게 배웁니까? (부록 : 속마음 끌어내기 참고)

우선 중요한 것은 자신에게 귀 기울이는 법을 배우는 겁니다. 우리들은 대부분 자기 목소리를 무시하거나 잘 듣지 못합니다. 태어날 때 우리는 자신의 목소리를 크고 분명하게 들을 수 있었어요. 갓난아기 때 우리는 배가 고프거나 어디가 아플 때, 또 기분이 안 좋거나 불편할 때 울음으로 이것들을 분명하게 알렸지요. 그런데 자라면서 우리는 남들의 목소리가 자신의 목소리보다 훨씬 더 크고 똑똑하다는 것을 알게 됐어요. 그러니 남들이 말하는 대로 따라가기 십상이었죠. 저들은 이미 세상일을 다 알고 있었고 우리는 이제 겨우 사물의 앞뒤를 분간할 정도였으니까요. 뿐만 아니라 칼자루를 쥔 쪽도 그쪽이었습니다. 잠잘 곳과 먹을 것보다 중요한 것이 어디 있겠습니까! 이건 아이가 살아남기 위해 겪어야 했던 또 다른 스토리죠. 그러나 이제는 그런 똑같은 짓을 되풀이할 필요가 없지요.

살기 위해서 어쩔 수 없이 자기 소리는 듣지 않고 남의 소리에만 너무 귀 기울이다 보니, 자기 소리는 이제 작아져서 내면의 소리로까지 짜부라지게 되었습니다. 이제 내 목소리를 듣기 위해서는 따로 연습이 필요할 지경이죠. 우리는 우리 자신의 목소리를 높이도록 스스로 격려해야 합니다.

자기 목소리보다 남의 목소리에 익숙해져 있다면 자신의 소리는 아마 반쯤 팽개쳐져 있었을지 모릅니다. 오랫동안 귀담아 듣지 않아서 그 목소리는 아주 약해져 있을 겁니다. 그토록 오래 입을 닫고 있었다는 것에 대해 화도 날 것입니다. 너무 작아져서 이제는 귀를 쫑긋 세워야만 들릴 수도 있고 어쩌면 너무 생소하게 들릴지도 모릅니다. 그러나 아직은 살아 있으니 그 목소리가 다시 울려퍼질 기회를 만들어 봐야죠. 자기 소리를 듣는 법을 알게 되면 우리는 많은 것을 발견할 수 있고, 자신의 참된 소리를 들을 수 있게 됩니다.

변화는 저절로 생긴다고 생각될 때도 있습니다. 나도 그런 것을 경험해 봤지요. 사람이나 사물에 대한 느낌이 갑자기 달라지고 뭔가 심을 벗은 듯한 기분이 들면서 어떤 새로운 문이 열리고 지금까지 고민하던 게 별안간 쉬워지는 그런... 개안의 순간들이 있지요.

기적이 일어난 걸까요 ? 그것은 사람들을 계속 앞으로 움직이게 하는 동기가 되곤 합니다. 그러나 기적이 있기 전에는 고뇌가 있게 마련입니다. 엄청난 노력이 있을 때는 그 노력이 기적 같은 것을 만들기도 하겠지요.

그러나 그런 일은 준비된 사람 앞에만 나타나는 겁니다. 삶을 변화시키는 데는 이런 갑작스런 도약보다 훨씬 더 많은 것이 요구되지요. 무엇보다 의식적인 행위, 즉 자기 인생은 자신의 손으로 움켜쥐겠다는 결단이 필요합니다. 그러나 사람들은 이 결단에 직면하기를 꺼립니다.

내담자들은 만나기 시작한 정신분석가가 지금까지 가져보지 못한 훌륭한 부모가 되어 자기를 돌봐 줄거라고 믿기도 합니다. 그것도 부분적으로는 옳지요. 분석가와 함께 다뤄나가는 것 중에 가장 중요한 것이 결국은 사랑이니까요. 이 힘을 바탕으로 내담자는 세상을 살아가는 자신만의 패턴이나 내적 상황을 이해하고, 왜곡된 점을 바로잡기도 하고 더 깊은 의미를 스스로 탐구해 나갈 수 있게 되지요.

훌륭한 부모란 자녀가 스스로를 사랑하고 돌볼 수 있도록 도와주는 사람이란 것을 잊어서는 안 됩니다. 누군가가 말했지요. 어떤 사람에게 한 됫박의 곡식을 주면 하루를 먹여 살리는 게 되지만 그 사람에게 농사짓는 방법을 가르쳐 주면 평생 먹여 살리는 것이 된다고.

자신을 돌보고 책임지겠다고 결단했다 하더라도 앞으로 해야 할 일들이 많습니다. 무엇보다 옛 습관을 떨쳐버리는 노력이 필요하지요. 나 자신의 어떤 부분은 내가 시도하는 변화에 분노하기도 합니다. 또 어떤 부분은 옛 방식에 편안함을 느껴 사물을 전과 다른 방식으로 보기를 원치 않죠. 그래서 내적으론 싸움이 일게 됩니다. 이 또한 겪어야 할 과정입니다. 이런 변화의 고통을 겪지 않을 수만 있다면 뭐든지 하려고 드는 사람들도 많이 있습니다.

♣ 단순히 과거의 편안한 습관을 바꾸는 문제보다도
그 안에는 훨씬 더 깊은 뭔가가 있지 않을까요?

변화의 관건은 수없이 많을 겁니다. 지금까지 우리가 이야기한 모든 것이 이 변화를 위한 관건들이죠. 우리의 착각이나 환상을 깨는 것도 그것의 하나고, 나만의 세계나 나 자신도 깨질 수 있다고 느끼는 감각 또한 중요한 열쇠입니다. 기본적으로 우리가 변화를 시도할 때는, 자신의 일부가 그 존립부터 위협 받는다고 느껴지기 때문에 마치 살아남기 위해 투쟁을 하는 것만 같지요. 그러나 그것은 오해입니다. 공격 당하는 것은 지금까지 우리 인생을 좌지우지했던 과거로부터 온 그 무엇이지, 결코 우리 자아가 그 존립을 위협 받는 것은 아니지요.

습관을 타파하는 데는 많은 인내가 필요합니다. 변화를 원한다는 것만으로는 부족하죠. 의식적으로라도 변화에 대한 열망을 품고 또 품어야 합니다. 변화를 원하고 싶지 않을 때도 원해야 합니다. 이건 여러 가지 말로 표현될 수 있겠죠. 진부하게 들리겠지만 '자유는 독재의 끊임없는 감시에서 얻어진다' 라든가 '칠전팔기'라는 말이 있습니다. 시시한 말 같지만 이것들은 모두 진실입니다.

자신이 무엇을 하고 있는가를 예의 주시해야 합니다. 만일 자신을 학대하고 있음을 발견하면 그것을 멈추고, 자기 감정을 존중하지 않고 있다면 생각을 바꿔서 진정한 나 자신을 찾아야 합니다.

변화를 위해서는 또한 현실적이 되어야 합니다. 사람들은 종종 완벽해지기를 원하고 그렇지 못할 때는 좌절하는 경향이 있어요. 완벽해지려는 생각을 버려야 합니다. 완벽은 인간의 것이 아니죠. 완벽한 예술 작품들이 있긴 하지만 그것도 그리 많지는 않습니다. 만일 완벽한 사람이 있다면 우리는 그를 견딜 수 없을 겁니다. 초인간적인 기준으로 자신을 판단하는 것은 또 다른 자기 학대이며 변화를 포기하는 구실일 수 있습니다. 자신을 판단하지 마십시오. 그럴 수밖에 없었던 나를 있는 그대로 받아들이고 거기서부터 다시 시작하십시오.

♣ 자신의 더러움과 실수까지도 받아들여야 한다고요? 나는 말씀의 주제가 실수를 저지르지 않는 것에 관한 거라고 생각했는데요.

그건 잘못 이해한 것입니다.

♣ 그렇게 내내 주의를 집중하고 자신을 살피는 건 무척 성가신 일 같습니다. 생각만 해도 피곤해지는걸요. 그건 즐거움과는 영 딴판 아닙니까. 우리가 처음에 얘기하던 그 즐거움, 환희는 어디로 갔습니까? 그렇게 하지 않고도 무의식중에 저절로 되는 방법은 없을까요?

사람들은 자발적이라든가 감정이 우러나는 대로 살고 싶다고 자주 말합니다. 그들은 자신을 이성의 틀에 가두고 그 속에서 무엇을 느끼고 있는지는 정작 모르고 삽니다. 그러다 보니 진솔하고 단백한 감정을 경험해 보고 싶어하죠. 자신의 마음을 있는 그대로 던질 수 있다면 이내 자유로워질 거라고 생각하는 거죠. 작가 디 에이치 로렌스가 추구한 것이 바로 그것입니다.

그러나 자유든 감정이든 이것들은 그리 간단치가 않습니다. 우리는 마음 속에 반응의 자루를 갖고 있는데, 그 속에는 오래 전에 잘못한 행동, 야단맞았던 기억, 교과서에 나오는 격언, 향수鄕愁, 친구와의 수다 등이 들어 있고, 이 모든 것이 나 자신의 진실한 감정과 뒤섞여 있지요. 따라서 실제에서 보통 '무의식적'이라고 하는 말은, 맨 처음 마음에 떠오른 것을 붙잡고 그것을 마치 내면 깊은 곳에서 우러나는 암시인 것처럼 받아들인다는 뜻입니다. 그러나 마음 깊은 곳에는 살아오면서 오염된 것들도 많이 있습니다. 어떤 행동을 취할 것인가, 어느 쪽이 내가 진실로 하고 싶은 것을 반영하는지... 우리는 잘 생각해야 합니다. 그렇다고 매 순간 스스로를 감시해야 한다는 건 아닙니다. 자신을 너무 살피다가 걷는 법까지 잊어버린 지네처럼 지나치게 자의식을 가질 필요는 없죠. 다만 자신의 진실한 감정에 따라 살려면 노력이 필요합니다. 그 노력을 아낌없이 투자했을 때는 즐거움이 찾아올 겁니다.

사람들은 흘러가는 대로 살고 싶다고 합니다. 그러나 지금 그들에게 필요한 건 흘려 보내는 것이 아니라 붙잡는 일입니다. 진실로 자신을 책임질 수 있을 때만 흘러가는 대로 살아도 좋은 결과를 기대할 수 있습니다. 성性이 성인에게 더욱 만족스러운 까닭은 바로 이런 이유 때문이죠. 성숙한 사람만이 본능에 자신을 내맡겨도 침착성을 유지할 수 있고, 그는 진실한 반응이 무의식 중에 나타난다는 것을 알고 있습니다. 역설처럼 보이겠지만, 그것이 바로 사랑의 비밀이기도 하지요.

♣ 말씀을 들으니 확신이 생깁니다. 그래도 뭔가 부족한 것 같은데 이 외에도 할 일이 더 있습니까?

자신과 얘기하는 겁니다. 이건 아주 중요합니다. 당신 스스로 앞에 놓인 현안에 대해 자신에게 설명하고 확신시켜야 합니다. 자신과의 계속되는 대화를 정립시켜야 한다는 것이죠. 그러면 어떤 어려운 상황에서도 도움이 될 것입니다. 예를 들어 자신 안에 있는 어린 애가 불쑥 튀어나와 해害를 가하려고 할 때는 우선 가로막고 그것에 대해 자신과 이야기해 볼 수 있을 겁니다. 그 아이에게 곧바로 "안 돼!" 라고 말할 수도 있겠지요.

당신이 뭔가에 열중하고 있다면 그 일이 내게 왜 그리도 중요한지 자신에게 집중하면서 생각해 보십시오. 그 일을 하지 않으면 어떻게 될 것이고 내게 그 일은 어떤 의미를 가지는지… 편안하게 내면의 소리에 귀 기울이고 있으면 생각에 생각이 꼬리를 물면서 평소 생각지도 않았던 경지에 이르게 될지도 모릅니다.

살다 보면 자신도 모르게 두 갈래 길 앞에 서 있을 때가 있습니다. 주의를 기울이면 진실로 가고 싶은 길이 무엇인지 깨닫는 순간을 포착하게 될 것입니다. 우리는 자기 자신을 움켜쥘 힘을 가져야 합니다. 처음에는 그렇게 하기 어렵겠지만 점점 더 쉬워질 겁니다.

♣ 인간의 자유가 그 순간 결정될 수도 있다는 겁니까? 한 치의 여유도 없이 말이죠.

그렇다고 해서 언제나 그렇다는 건 아니지요. 당신 안에 있는 어린 아이가 그릇된 행동을 하려고 해도 너무 나무라진 마십시오. 당신은 충분히 자신으로부터 나무람을 받아 왔으니까요. 자신 안에 내재된 그 아이를 용서하십시오. 당신이 자신에 대해 잘못했다고 느끼는 일들의 대부분은 알고 보면, 어릴 때는 잘못이 아니었습니다. 그런데 우리는 스스로 자신이 어렸을 때 상상했던 그 나쁜 사람이라는 것을 증명이라도 하듯이 자신에게 적대적인 일을 되풀이하곤 합니다. 우리 마음 깊숙이 간직하고 있는 부모에 대한 그 상상적인 죄의식, 부모가 우리를 상심하게 했던 것에 대한 분노, 그리고 동생이 태어나 부모의 사랑을 잃어버린 데서 온 자기 믿음의 상실, 이 모든 것들이 얽히고 설켜서 우리를 고통스럽게 하지요.

우리는 죄는 미워하되 사람은 미워하지 말라고 배웠지만 실제로는 반대로 생각하기 쉽습니다. 우리 마음에 내재된 대상을 미워하면서 그 죄에만 집착하게 된다는 것이지요. 잘못된 생각들에 내해서는 변명하거나 미화하지 마십시오. 다만 아이 때로 돌아가서 그 아이의 입장에서 그런 생각이 왜 일어났는지 생각해 보고, 이제 옳은 길로 가면 그만입니다.

우리가 네 살짜리 아이에게 베푸는 그 실제적인 친절함과 자상함과 사랑을 당신 자신에게도 줘 보십시오. 우리 안에 있는 그 어린 아이를 잘 알게 되면 자극을 줘야 할 때와 편안함을 줘야 할 때, 그리고 혼자 내버려둬야 할 때를 분간할 수 있게 됩니다.

마찬가지로 그 아이를 알게 되면 현재의 내 행동과 판단이 이해되고 자신을 위해주는 그런 감정을 가질 수 있게 됩니다. 언제 마음을 편하게 가져야 할지, 어느 때 요구를 해야 할지 알게 되는 것이죠. 자신과 친해질 수 있게 되는 것입니다. 그 아이를 안아 주십시오. 자신과 친구가 되십시오. 그러면 의지할 수 있는 큰 힘이 될 겁니다.

언젠가 깊은 상심에 빠진 한 남자를 본 적이 있지요. 가장 가까운 친구가 죽었다고 했습니다. 그 사람과 앉아서 얘기 하다 보니 슬픔의 깊이를 알 수 있겠더군요. 마지막으로 나는 말했습니다

"가장 친한 친구를 잃으신 것 같군요."

"그렇습니다."

"자신의 가장 친한 친구가 누군지 아십니까?"

그는 놀란 눈으로 저를 쳐다봤습니다. 그리고 잠시 생각하더니 눈물을 글썽이며 말했습니다.

"알겠군요. 내 가장 친한 친구는 나 자신이라는 것을."

♣ 우리가 이 모든 것을 이해하고 실행할 수 있게 되면 과연 우리 인생도 달라질 수 있을까요?

사랑에 대해 이해하고 자신을 훈련하는 데 성공한다면 우리가 상상하는 것 이상으로 우리의 삶은 풍요로워질 겁니다. 그렇다 하더라도 우리는 여전히 실제적인 문제에 휩싸여 있겠지요. 인생은 소풍도 아니고 장미 화원도 아니니까요. 세상은 내게 득이 되는 방향으로만 흐르지 않습니다. 인간의 조건을 벗어날 길은 없으며, 인생에는 반드시 고통과 어려움과 상실이 따르기 마련입니다. 그러나 우리는 인생이 제기하는 위해危害를 극복하고 한 번뿐인 삶을 위해서라도, 근심과 두려움을 머금고 있는 저 모든 것들을 통합해 낼 것입니다. 스스로를 환상에서 해방시키고 우리의 진정한 원천이 어디에 있는지 알게 될 때는, 온 세상이 마치 팔을 벌려 우리의 탐험을 기다리고 있는 것처럼 보일 겁니다.

때로는 모든 힘을 발휘해서 많은 것을 시도해 보고 또 가진 것을 과감히 써버릴 줄 아는 용기도 필요합니다. 그러나 자신의 모든 가능성을 활용할 때는, 영원히 마르지 않는 에너지의 원천이 담긴 샘을 파는 것과도 같습니다. 한 번도 인출한 적 없는 은행 구좌를 찾아낸 것처럼 말이죠. 이것이 가장 값싸게 인생을 즐기는 방법입니다. 이런 상태에 있다면 당신은 결코 고갈되지 않습니다. 권태도 느끼지 않습니다. 이것 자체가 노후를 위한 대비도 되지요. 미술비평가인 버나드 브렌슨이 나이 90이 가까웠을 때 한 말이 있습니다: "나는 길모퉁이에 모자를 들고 서서 지나가는 사람들에게 아직 사용하지 않은 그들의 시간을 적선해 달라고 구걸할 용의가 있다." 그는 매 순간 최대한 즐길 수 있는 여력을 아직도 잃지 않았던 것입니다. 그가 예외적인 사람이라고 할 수도 있겠지만 우리 모두에겐 그렇게 할 수 있는 저력이 있습니다.

♣ 우리 모두 그렇게 사는 법을 배울 수 있다고 믿고

싶군요.

의심할 바 없이 우리 모두 그렇게 할 수 있습니다. 많은 사람들이 그렇게 되는 것을 봐왔지요. 우리는 성장하고, 변화하고, 자신이 목표로 하는 사람이 될 수 있도록 스스로 도울 수 있습니다. 자신에게 진정한 친구가 되는 법을 배울 수 있지요. 그렇게 되면 평생친구가 한 사람 더 생기는 것입니다. 이럴 때 우리는 스스로에게 용기를 북돋고 위로를 줄 수 있으며, 주변에 아무도 남아 있지 않더라도 생명력을 유지할 수 있습니다. 우리 자신이야말로 우리 용기의 원천이자 훌륭한 조언자지요. 우리는 대개 남들이 친절한 말을 해주길 기다리지만, 그 친절은 맨 먼저 우리 자신에게서 얻어낼 수 있는 겁니다.

♣ 인생을 좀 더 깊이 생각해 볼 기회가 되었습니다. 삶의 방향을 찾는 과정에 함께해 주셔서 감사합니다. 해주신 말 잊지 않겠습니다.

물론 기억하시게 될 겁니다. 내가 한 말들은 새로운 것이 아니라 지금까지 우리가 내내 알고 있었던 것들이니까요.

부 록

마음챙김 명상

명상을 하는 것은 호기심과 따뜻한 마음으로 자신의 삶을 들여다보고, 어떻게 하면 깨어 있으면서 자유로울 수 있을지 알아내는 것입니다.

우리는 자신에 대해서 지나치게 많은 생각과 믿음을 가지고 있습니다. 자신이 무엇을 원하는지 자신이 어떤 사람인지 똑똑한지 친절한지 등 끊임없이 자신에게 이야기 하고 있지요. 그러나 이런 이야기의 대부분은 증명되지 않았습니다. 다만 타인들의 제한적인 생각이 내면화된 것일 뿐이지요.

명상을 하는 것은 새로운 가능성을 발견해 보다 현명하고 따스하게, 보다 친절하고 충만하게 살 수 있도록 힘을 일으키는 것입니다.

왜 명상을 해야 하는가

명상은 인간으로서 우리 모두가 갖고 있는 힘을 발휘하여 깨어 있도록 합니다. 명상 방석에 앉아 배우는 것은 보다 현재에 머물고 더 자비롭고 더 깨어 있게 되는 기술입니다.

이러한 자각 능력은 나아가 회사 업무를 처리하거나 테니스를 칠 때, 연인과 사랑을 하거나 해변을 산책하거나 혹은 주위 사람들에게 귀를 기울일 때, 어디서든 도움이 됩니다. 깨어 있는 것, 진정 현재 순간에 존재하는 것이야말로 삶의 기술 중 가장 핵심적인 기술입니다.

무엇에 깨어 있게 될까요 ? 다르마dharma에 깨어 있습니다. 다르마는 우주의 진리, 즉 우주의 법칙과 그 법칙에 대한 가르침을 뜻하는 산스크리트어입니다. 그러므로 다르마를 찾는 것은 아주 중요한 일입니다. 다르마는 언제나 우리가 발견해 주기를 기다리고 있습니다.

지혜의 다르마는 바로 지금 이 자리에서 환상과 기억을 떠나 보내고 이 순간의 실재에 들어올 때 존재합니다. 현재에 온전히 주의를 집중할 때라야 우리는 이 세상에서 다르마의 모습을 보기 시작합니다.

명상을 하면서 알게 되는 다르마의 첫 번째 특징은 덧없음과 불확실성입니다. 당신이 고요해지면 고요해질수록 더 자세히 관찰하면 할수록 당신이 지금 보고 있는 모든 것이 끊임없이 변한다는 것을 더욱 실감하게 됩니다. 대개 우리는 경험이나 성격, 세상, 감정, 생각 등을 변하지 않는 고정된 것으로 생각합니다. 그러나 이 모든 것은 마치 영화를 보는 것과 같습니다. 영화속 이야기에 사로잡힌 나머지 자신이 보고 있는 것이 실상은 스크린에서 명멸하는 빛의 그림자일 뿐인데도 실재처럼 여기는 것이죠.

다르마의 두 번째 가르침은 항상 변하는 무엇이 변하지 않기를 바라고 집착한다면 실망하게 되고 고통스러워진다는 것입니다. 그 고통은 당연한 것이 아니며 우리를 벌하기 위한 것도 아닙니다. 우리가 어떤 것의 현재 모습에 아무리 집착한다 하더라도 변화는 멈추지 않습니다. 마치 중력처럼 말입니다. 만물이 존재하는 방식이 원래 그러합니다. 모든 것은 변하며 집착은 고통을 불러온다는 자연 법칙을 이해하고 나면 삶에도 다른 방식이 있지 않을까 생각하게 됩니다.

'불확실성의 지혜'는 변화와 함께 흘러갈 수 있는 힘이며, 모든 것을 변화의 과정으로 보고, 불확실함 가운데서 이완할 수 있는 힘입니다.

명상은 모든 것을 흘려 보내며 변화 가운데서 중심을 잡고 머무는 법을 일러 줍니다. 세상 사람들 모두가 얻음과 잃음, 칭찬과 비난, 고통과 즐거움을 경험하며 이것이 삶이라는 춤의 일부라는 것을 알게 됩니다. 흘러가도록 내버려둔다고 삶을 보살피지 않는다는 뜻은 아닙니다. 그것은 보다 유연하고 현명한 방식으로 모든 일을 돌본다는 의미입니다. 명상을 하면 자신의 몸에 관심을 갖게 되고 존중하는 마음으로 바라보게 됩니다.

알아차림

명상 수행에서 우리는 사띠sati를 '알아차림'으로 말하고 있는데 어떤 대상을 만나 알아차림을 하려면 먼저 대상에 마음을 기울여 주시해야 합니다. 그래야 실제로 대상을 알아차릴 수 있습니다. 의식, 즉 각성된 상태에서 지금 하고 있는 것을 알고 있어야 합니다. '알아차림'이라는 말에는 이런 숨은 의미까지 포함되어 있지는 않습니다. 보통 알아차린다는 뜻으로 '본다'라는 말도 많이 사용합니다. 한문의 관觀이라는 용어에서 비롯한 것 같은데 '호흡을 본다' 혹은 '통증을 본다'는 말을 많이 합니다. 영어의 'look' 혹은 'see'와 같이 단순한 용어를 사용하기도 합니다.

주요 수행 지침

자세/식사/일상생활

아침에 깨어나서 밤에 잠들 때까지 자신을 지켜보는 것을 잊지 마십시오. 알아차림을 놓치고 있다는 것을 알 때마다 마음의 상태를 점검하십시오. 마음이 어떤 기분인지 느끼려고 해 보십시오. 편안합니까? 긴장하고 있습니까?

몸의 어느 부분에서든 느껴지는 분명한 감각을 관찰하는 것으로 시작하십시오. 수행하는 마음은 현재의 순간으로 되돌리기 위한, 주대상으로 사용할 수 있습니다. 주대상, 즉 일차적인 대상은 현재 순간에 마음이 계속 알아차리고 있도록 당신을 도와줍니다. 무엇을 관찰해야 할지 확실하지 않을 때에는 주대상으로 돌아오십시오.

그렇다고 항상 주대상에만 머물러 있을 필요는 없습니다.

마음이 감각이나, 듣는 것, 심지어 망상 같은 다른 대상으로 옮겨 다니며 주의를 기울인다 할지라도, 마음이 이들 새로운 대상을 알아차리고 있다는 것을 알고 있다면 그것은 완벽하게 좋은 것입니다. 마음이 동시에 몇 개의 대상을 아는 것 또한 좋습니다.

좌선할 때는 몸과 마음이 모두 편안해야 합니다. 긴장하고 있는지 아닌지를 계속 점검하십시오. 긴장하고 있으면 우선 긴장을 풀고, 그 다음에 마음가짐을 점검하십시오. 저항하는 마음이 있다면, 저항을 느끼고 그것을 관찰하십시오. 단순해지십시오. 그리고 일어나고 있는 것을 지켜만 보십시오.

자신의 자세, 몸의 감각, 자신의 호흡, 느낌과 감정, 방황하거나 생각하는 마음, 듣는 것이나 냄새 맡는 것 등 마음이 알아차리는 것은 무엇이든 지켜보십시오. 방석 위에 편안하게 앉아서, 자신이 생각에 빠져 있는 줄도 모르고, 뭔가 매우 중요한 것을 생각하기에 바쁘다면 그것은 수행하는 것이 아닙니다. 자신이 이러고 있다는 것을 홀연히 알게 될지라도 걱정하지 마십시오. 긴장을 풀고, 마음가짐을 살펴보십시오. 즉, 수행과정 전체를 처음부터 다시 시작하는 겁니다.

망상/소리

마음이 생각을 하거나 망상을 할 때, 또는 어떤 소리가 계속 주의를 끌 때에는, 그것을 그대로 알아차리기만 하십시오. 생각하는 것은 자연스러운 마음의 활동입니다. 귀가 정상이라면 소리를 듣는 것은 자연스러운 것입니다. 마음이 생각하는 것이나 듣고 있는 것을 알아차리고 있다면 잘하고 있는 것입니다.

그러나 생각이나 소리에 의해 방해 받고 있다고 느낀다거나 그것들에 대해 반응을 한다거나 판단한다면, 마음가짐에 문제가 있는 것입니다. 망상 하는 마음이나 소리는 문제가 아닙니다. 그런 것들이 주위에 있어서는 안 된다고 생각하는 마음가짐이 문제입니다. 오히려 마음의 작용 일부를 알아차리게 되었다고 이해하십시오. 이것들 역시, 주의를 기울여야 하는 대상들일 뿐입니다.

생각하는 것은 마음의 활동입니다. 만약 당신이 초보수행자라면 생각을 계속 지켜보려고 해서는 안 됩니다. 즉시 주대상에게 가는 것으로써 생각을 관찰하는 일을 피하려고 해서도 안 됩니다. 자신이 생각하고 있음을 알게 되면 먼저 생각에 주의를 기울이고, 생각은 단지 생각일 뿐이라고 자신에게 일깨워 주십시오. 그것을 '나의 생각'이라고 생각하지 마십시오. 그러고 난 후에는 주대상으로 돌아가도 좋습니다.

생각하는 마음 때문에 방해 받았다고 느낄 때에는, 생각하는 것을 막기 위해서 수행하고 있는 것이 아니라, 생각이 일어날 때는 언제나 그 생각을 인식하고 받아들이는 수행을 하고 있음을 일깨워 주십시오. 알아차리지 못 한다면, 자신이 생각하고 있다는 것을 알 수 없습니다. 자신이 생각을 하고 있다는 것을 안다는 사실은 알아차림을 하고 있다는 뜻입니다. 얼마나 자주 생각이 일어나든, 망상을 하든, 어떤 대상 때문에 불쾌한 기분이 들든, 자신이 알아차리고 있다면 아무런 상관이 없다는 것을 기억하십시오.

생각이 멈추든 계속되든 그것은 중요하지 않습니다. 자신의 생각이 유익한가, 해로운가, 적절한가, 적절하지 않은가, 필요한가, 필요하지 않은가를 아는 것이 더 중요합니다. 이것이 생각에 말려들지 않으면서 생각을 지켜보는 법을 배우는 필수적인 이유입니다. 생각을 지켜보기만 하려고 아무리 애써도 한 생각이 계속 커질 때는, 어느 정도는 그 생각에 빠져 있기 때문일 것입니다. 이렇게 생각이 끊임없이 이어져서 더 이상 관찰을 할 수 없을 때는 생각을 지켜보는 것을 멈추고 대신 그 생각으로 인한 느낌이나 몸의 감각을 지켜보도록 하십시오.

앉아 있거나, 걷고 있거나, 아니면 일상생활을 할 때, 때때로 스스로에게 "마음이 무엇을 하고 있는가 ? 생각하고 있는가 ? 무엇을 생각하고 있는가 ? 알아차리고 있는가 ? 무엇을 알아차리고 있는가 ?" 자문하여 보십시오.

대상을 따라가지 말라

현실을 있는 그대로 받아들이라는 말로 그 중에서 제일 먼저, 대상을 따라가지 말라는 것이 있습니다. 어떤 경우인지 그 실례를 들어보면, 운동장에서 걷기를 마치고 벤치에 앉아 있노라면 비행기 소리가 종종 들립니다. 그런데 비행기 소리를 듣고 있노라면 비행기가 이동함에 따라 나의 눈도 왼쪽에서 오른쪽으로 이동한 것을 알게 됩니다. 그러니까 마음 역시 비행기를 따라 왼쪽에서 오른쪽으로 이동한 것입니다. 이런 경우에는 내가 비행기 소리를 '알아차린 것'이 아니라 '따라간 것'입니다. 비행기 소리를 듣고 있다는 단순한 의식consciousness은 있었지만 알아차림은 없었던 것입니다. 깨어서 알아차림을 한 것이 아닌 겁니다. 이 경우에 알아차림이 있다는 것은 비행기 소리를 듣고 있다는 사실에 마음을 두고 그것을 알고 있는 것을 말합니다. 자신이 알고 있다는 사실을 인식할 때에 알아차림이 있다고 말합니다.

소리에 있어서도 3단계로 나누어 보면, 소리가 있으면 소리가 난 곳에 마음을 두고 들을 수도 있고, 귀에 마음을 두고 들을 수도 있으며, 마음에 초점을 두고 들을 수도 있습니다. 마음에 초점을 둔다는 것은 마음으로 소리를 듣는다는 의미입니다. 이와 같이 이근耳根이나 마음으로 들으면 대상에 마음을 두고 듣는 것보다 알아차림을 오래 지속할 수 있기 때문에 알아차림의 질이 더 높아집니다. 또한 이렇게 알아차림을 가지고 보면 눈으로 보거나 귀로 소리를 들어도 대상에 빠지지 않고 그 주체가 자신의 몸과 마음으로 돌아와 있게 됩니다.

반면에 대상을 따라간다는 것은 대상을 객관화하지 못 하고 마음이 대상에 넘어간다는 것을 말합니다. 그러나 이 경우에도 대상에 마음이 따라가고 있다는 사실을 알기만 한다면 알아차림이 있는 것입니다. 이 점이 중요합니다. 아무리 대상에 마음이 넘어가 있다 해도 이 순간 그런 사실을 알기만 한다면 바로 수행으로 연결되는 것입니다. 그러니까 마음이 비행기에 있는가의 여부는 중요하지 않습니다. 알아차렸는가의 여부가 중요합니다.

마찬가지로 통증이 왔을 때에도 '통증이 있구나' 하고 통증 그 자체를 보거나 아파하는 마음을 객관화하여 보면 알아차림이 있는 것입니다. 그러나 통증 때문에 두려워하거나 이것에 대처할 궁리를 한다면 알아차리지 못하고 통증을 따라가는 것이 됩니다. 괴롭다는 것에 빠진 것입니다. 그러나 통증이 나타난 순간 알아차리지 못하고 이미 마음으로 넘어갔다 하더라도 늦은 것은 아닙니다. 통증을 싫어하거나 괴로워하는 그 마음을 알아차리면 역시 그 순간부터는 대상에 넘어가지 않고 순화될 수 있습니다. 그래서 알아차림에 너무 늦은 때란 없다고 말합니다.

냄새나 맛의 경우, 냄새를 싫어하거나 좋아하는 마음을 가지면 이미 대상에 빠진 것입니다. 그저 냄새일 뿐이고 그저 단맛일 뿐일 때에는 냄새나 맛에 따라가지 않고 '깨어서' 냄새와 맛을 보는 것이 됩니다. 이렇게 알아차림을 하면 더 이상 냄새나 맛을 싫어하거나 좋아하지 않게 됩니다.

이와 같이 대상을 따라가지 않는다는 것은 대상을 객관화해서 알아차림을 지속한다는 것입니다. 그리고 이것을 '바르게 수행하는 것'이라고 말합니다.

대상을 관념화 하지 말라

대상을 관념화 하는 것은 이미 들어온 정보를 근거로 추상적으로 생각을 만들어낸다는 것입니다. 예를 들어, 경행을 할 때, 한참을 걷다 보면 왼발 후에는 오른발이 나온다는 것을 이미 알고 있기에 굳이 입으로 '왼발' '오른발'을 말하지 않더라도 마음이 먼저 오른발이 올 것에 앞서고 있음을 보게 됩니다. 같은 일이 되풀이되다 보니 이미 들어온 정보를 기억하여 예견하는 것입니다. 이런 마음가짐으로 경행을 하면 한 발짝 걷는다는 것이 판에 박힌 또 하나의 걸음에 불과하게 됩니다. 그러나 이런 관념적인 생각에서 벗어나서 걸음걸이 그대로의 모양과 성품을 알아차리면 걸음은 언제나 새로운 것이라는 것을 발견하게 됩니다.

호흡에서도 마찬가지입니다. 숨을 들이쉬고 나면 내쉰다

는 것을 이미 알고 있기 때문에 마음이 먼저 내쉴 준비를 합니다. 초보자들이 종종 호흡을 알아차리려고 하면 숨이 찬다면서 시작도 하기 전에 포기하는 수가 있는데 이는 호흡을 관념으로 받아들였기 때문입니다. 호흡은 실제로 허파까지밖에는 가지 못 합니다. 호흡이 단전이나 배까지 간다고 한다면 있는 그대로가 아닌 관념으로 말하는 것입니다. 그러나 호흡을 공기가 훅! 하고 들어오고 훅! 하고 나가는 느낌으로 알아차린다면 풍대風大로 보는 것이고 관념이 아닌 실제하는 것을 보는 것입니다.

'느낌'과 '생각'에 있어서도 우리는 있는 그대로를 느끼고 생각하는 것이 아니라 자신의 생각대로 관념화 하여 받아들이고 있습니다. 무엇을 한번 잘못 먹고 체한 경우 그것을 또 먹으면 다시 쉽게 체하는 수가 있는데, 이는 '그것을 먹고 체했었다'는 기억이 작용하여 조건반사 체질이 되어버렸기 때문입니다.

사람이나 물건에 대한 선호도 이 같은 선입견을 근거로 심한 알레르기 현상을 보이는 수가 있습니다. 한번 나쁜 놈으로 머릿속에 입력이 되면 그 사람은 영원히 나쁜 놈이 됩니다. 그러나 위빠사나의 지혜로 보면 그때 그 사람의 마음은 이미 그 사람의 것이 아니고 그때의 것일 뿐입니다. 마찬가지로 그때 그 사람을 괘씸하게 생각하였던 내 마음도 이미 그때 사라진 것인데 지금까지도 기억하고 되씹고 있는 것입니다.

이미 오래 전부터 들어와 있던 정보와 되풀이되어 온 습관을 통하여 우리의 마음 속에는 이렇게 관념화된 원리 원칙들이 철통같이 자리잡고 있어서 진리를 보는 데 방해가 되고 있습니다. 금강경金剛經에서는 이를 아상我相, 인상人相, 중생상衆生相, 수자상壽者相 등으로 세분하고 있는데, 이 가운데는 자기 자신뿐 아니라 오랜 인류 역사와 더불어 축적되어 온 사회적인 고정관념들도 합세하고 있습니다.

이러한 고정관념들은 현실의 흐름을 제대로 보지 못하도록 막는 역할을 합니다. 이런 것들 때문에 우리는 사물을 있는 그대로 보지 못 하고 왜곡하여, 혹은 색안경을 끼고 봅니다. 그래서 수행자는 들어온 현상을 '좋다, 나쁘다' 혹은 '된다, 안 된다' 판단하지 말고 그대로 인정하고 지켜보라고 합니다. 고정관념의 틀을 깨고 '있는 그대로'를 볼 수 있도록 도와주는 것이 바로 알아차림 수행입니다.

속마음 끌어내기

전통적인 카운슬링 방법으로는 몇 개월 혹은 몇 년씩 걸릴 수 있지만 속마음 끌어내기를 통해서는 사람들이 매우 빠른 속도로 일정 수준의 자기 이해에 도달하는 것을 보게 된다. 느긋한 마음으로 그것이 어떻게 작용하는지 한번 지켜보도록 하자.

윤아는 오늘 상담에 처음 나왔다. 그녀는 39세의 컴퓨터 프로그래머인데, 결혼 12년만에 남편과 헤어졌다. 카운슬링 과정이 끝날 때까지 그녀는 계속 말이 없었다. 그것은 카운슬링 과정에 처음 참석하는 사람들에게는 흔히 있을 수 있는 일이었다.

그러나 윤아의 얼굴에는 엷고 미묘한 노여움, 고뇌와 두려움이 고통스럽게 섞인 표정이 떠올라 있었다. 마침내 그녀는 자신을 격심한 비탄에 빠뜨린 어떤 문제에 대해서 과연 자신이 스스로 잘 대처해 나갈 수 있을지 물어왔다. 윤아는 자신의 결혼 생활에 대해 이야기했다. 여러 해 동안 남편으로부터 소외 당하고 갈수록 비참해지던 심정과 도무지 헤어나기 힘들었던 철저한 고독감과 소외 그리고 초조함 등을 하소연했다.

"내가 강해졌다고 느낄 때마다 그것은 나를 두렵게 합니다."

그리고 윤아는 새롭게 한 남자를 사귀기 시작했는데, 그녀는 '우리 사이가 곧 깨질 것만 같고 사람들이 우리만 보고 있는 것 같아서 두려움을 느낀다'고 했다. 나는 그녀가 계속 이야기를 털어놓도록 용기를 주었다.

"몇 주일 동안이나 혼자 걸어다니면서 이 관계가 꼬이고 오래가지 못 할 온갖 이유를 나 자신에게 주워대고 있었어요. 결혼만 하지 않았더라도……. 그러다가 어느 날 밤에는 혼자 앉아서 이 모든 핑계들이 아무런 의미도 없다는 생각을 했어요. 현재를 그냥 즐길 수만 있다면 말이죠. 스스로 행복해지자 하지만 나에게는 그럴 자격이 없는 것만 같았어요."

자부심이란 자신이 인생의 도전을 이겨나갈 수 있으며, 행복할 자격이 있다는 사실을 경험하는 것이다. 자부심이 모자라는 사람들은 자신이 행복하다는 사실을 깨달으면 그것이 자신에게는 마땅치 않다는 느낌이 생긴다. '이것은 내가 누릴 행복이 아닌데. 내 인생은 이렇지 않을 텐데….' 하는 느낌이 드는 것이다. 그리하여 행복은 초조감, 즉 불행이 임박했다는 느낌을 갖게 한다. 5분 동안 들은 윤아의 이야기는 교과서에 나오는 것처럼 전형적인 자존감 문제의 본보기를 보여 주었다.

"이건 끔찍해요. 오늘 이곳에 오면 이야기할 것도 미리 알고 있었으면 하죠. 너무나 두려웠기 때문에 그저 모든 것을 외면하고 있었어요. 나는 나 자신의 인간 관계를 망쳐 놓고 있어요. 늘 고함만 질러대고 그가 나를 멀리하게 만드는 말만 늘어놓고 말이죠."

그녀는 이렇게 말하고 있었다.

이것 역시 교과서 그대로다. 행복감이 우리를 초조하게 만들면, 즉 자신에게 그럴 자격이 없다고 느껴지면 우리의 마음 깊은 부분(잠재의식)은 그 '해결책'을 곧장 만들어낸다. 그 행복을 파괴하는 것이다. 그러면 초조감이 사라진다.

"당신은 그를 사랑합니까?" 내가 물었다.

"예, 하지만 나는 그걸 원치 않아요."

"원하지 않는다구요?"

"예, 그건 나에게 너무 많은 상처를 주기 때문이에요."

그녀는 자신이 곧 상처 받게 될 것이고, 이제 곧 끔찍한 일이 일어날 거라고 끊임없이 스스로에게 얘기했다는 것이다.

내가 윤아에게 자신이 사랑한 사람이 실망을 안겨 줄 어떤 기미라도 보였느냐고 묻자 그녀는, 그는 멋진 사람이고 이제껏 만난 사람 중에 가장 친절한 사람이라며 정색을 했다.

“하지만 행복은 내 몫이 아니에요. 나는 그것을 알고 있어요.”

윤아의 부모는 그녀가 다섯 살이었을 때 이혼했고, 그후로 그녀는 조부모 밑에서 자랐다. 조부모는 그들이 윤아 때문에 치르고 있는 희생을 자주 입에 올리곤 했다. 윤아가 말을 잘 안 들을 때면, 그들 중 누군가가 이렇게 말하곤 했다.

“네 아비가 네 어미를 왜 버렸는지 알 만해. 아무도 너를 보러 오지 않는 것도 이상할 게 없지.”

그래서 어려서부터 윤아의 마음 속에는 자신은 ‘나쁜’ 아이라는 생각이 자리를 잡았다. 그녀는, 그녀의 표현을 그대로 옮기자면, 냉랭하고 소원하기만 했던 조부모가 어떻게 하면 자신을 사랑하게 할까 고심하곤 했다. 하지만 윤아는 그 방법을 발견하지 못 한 듯했다.

나는 윤아에게 아마도 어린 아이로서는 해결책이 없었을

것이며, 그 문제는 윤아 때문이 아니라 조부모 자신들 때문이었을 거라고 말해 주었다. 그녀는 이에 대해 대답을 하지 않았다. 윤아는 지금 어느 때보다 만족스러운 친밀한 관계를 누리고 있지만 울음을 멈출 수가 없으며, 운명이 다가오고 있다는 느낌을 쫓아버릴 수 없다고 말했다.

이쯤에서 <속마음 끌어내기>를 해봤으면 합니다. 여기 있는 사람들 중에 아무에게나 짝이 되어 달라고 하세요. 그러고 나서 서로 마주 앉으십시오. 그러면 제가 어떻게 하는 것인지 방법을 알려 드리지요.

곧 알게 되겠지만 <속마음 끌어내기>에 항상 짝이 필요한 것은 아니다. 하지만 어떤 때는 짝짓기가 도움이 되기도 한다. 다른 살아 있는 의식을 향해서 말한다는 단순한 사실이, 체험의 현실감과 자신이 하고 있는 말의 내용에 현실감을 고조시켜 주기 때문이다. 우리의 생각을 다른 사람이 듣게 함으로써 어떤 때는 우리 자신도 그것을 더욱 분명히 들을 수 있게 된다. 윤아가 자리에 앉자 나는 그녀의 짝에게 말했다.

당신이 할 일은 그냥 들어주기만 하는 겁니다. 윤아에게 주의를 기울여 주세요. 윤아를 바라보고 그녀가 당신의 존재를 느낄 수 있게 하세요.

그리고 윤아에게는 이렇게 말했다.

속마음 끌어내기의 요점은, 내가 주는 완성되지 않은 문장을 사용해 매번 다른 문장을 만드는 것입니다. 그것이 사실인지, 다른 문장들과 모순되는지 등에는 전혀 신경 쓰지 마십시오. 말이 이치에 닿을까도 걱정하지 마세요. 그런 것들은 나중에 고칠 수 있으니까요. 그 다음에 내가 또 다른 문장을 주면 그것으로 다시 계속해 나가면 됩니다. 아시겠죠? 한 가지 더, 일단 시작한 후에는 머뭇거리지 마세요. 말을 덧붙이려고 하거나 설명하려고 하거나, 사과하려고도 말고 그냥 계속해 나가세요. 상대의 눈을 들여다 보면서 모든 말들은 그를 향해서 하세요.

이렇게 진행되는 <속마음 끌어내기>를 나는 **2인 문장 완성 연습**이라고 부른다.

"어린 소녀였을 때부터"라는 말로 시작해 봅시다.

내가 윤아에게 말하자 그녀는 다음과 같이 대답했다.

"나는 가엾은 아이였다."

"나는 불행했다."

"나는 얼이 빠져 있었다."

"나는 하나님이 나를 벌주고 있다고 느꼈다."

"나는 아버지가 떠난 것이 내 잘못인 줄 알았다."

내가 다시 끼어들었다.

좋아요. 이번에는 "이럴 때 나는 내가 행복을 타고나지 못했다고 생각했습니다"라는 문장으로 해봅시다.

내가 지시한 대로 그녀는 위의 말을 반복하면서 다른 문장들을 만들어 나갔다.

<속마음 끌어내기>를 할 때는 도중에 검토하거나 스스로 비판하는 등의 자기 방해를 피하고 가능한 한 무의식적으로 빨리 쓰도록 한다. 앞에서 본 것처럼 글로 쓰는 대신 파트너를 향해 큰소리로 말하는 경우에도 마찬가지이다. 당신이 쓰거나 말한 것은 바위 위에다 새겨 놓을 게 아니다. 그러니 걱정 말고 던지라.

말이 막히거나 아무것도 떠오르지 않을 때는 무엇이든 만들어 내라. 상식을 벗어났다 할지라도 상관 말고 닥치는 대로 말하라. 포기하거나 멈추지 말라. 그밖에 주의해야 할 점들은 다음과 같다.

* 혼잡이나 방해가 없는 시간을 택하여 주의 집중이 흐트러지지 않도록 하라.
* <속마음 끌어내기>를 하기 위해서는 자신이 무아상태에 있다고 상상하라(실제로 무아상태가 이 작업에서는 가장 바람직).
* 자신이 만든 문장이 서로 모순될 수도 있다는 것을 인정

하라. 애증愛憎과 같은 반대 감정이 병존하는 것은 자연스러운 현상이다.

* 가끔은 말을 밖으로 끌어내기 위해서라도 과장된 태도를 취할 필요가 있다는 것을 사실로 받아들이라. 반드시 글로 끌어내야 할 필요는 없다.
* 문장은 짤막하고 간단하게 만들도록 하라.
* 분석은 나중에 한다는 사실을 기억하라.

우리는 스스로 안다고 생각하는 것보다 훨씬 더 많은 것을 알고 있다. 당신이 해야 할 일은 이 지혜에 다가가 이것들을 확실한 지식으로 바꾸는 것이다. <속마음 끌어내기>는 이런 목표에 도달하기 위한 하나의 방법이다.

자기 이해와 자신감 형성하기

자신이 정말 파괴적인 행동을 하고 있다는 걸 발견하게 되면 우리는 그 이유가 무엇인지, 어떤 목적으로 그러는 것인지, 또 어떻게 치유할 수 있는지 알고 싶어한다. 다른 사람의 느낌과 행동을 이해하기 위해서는 먼저 자신의 진정한 모습을 깨닫고 알아야 한다.

자신이 어떠한 상황에서 분노하며, 그런 상황에 어떻게 대처하며, 또 간혹 어떤 방법으로 그 분노를 감추려 하며, 그것은 어떤 가면을 쓰고 다시 표출되는지 알고 있는가?

자신은 어떻게 초조하거나 절망적인 기분에 빠지며, 그런 언짢은 느낌을 어떻게 극복할 수 있는지 알고 있는가?

자기 내부에 있는 아이, 한때 자신이었던 그 아이를 알고 있는가? 그 아이와 당신은 서로 어떤 관계에 있으며, 그 관계가 앞으로의 삶에 혹은 내부의 그 아이에게 지속적으로 미칠 영향에 대해서 알고 있는가?

성공을 방해하는 나의 행동을 그만두게 할 수는 없을까?
나는 누구일까? 진짜 나는 무엇을 하는 사람일까?
나는 실제로 존재하는 것일까?

속마음 끌어내기 연습

≪나는 자신에게 종종 이렇게 말한다≫

넌 아직 충분치 않아

계집아이는 언성을 높여서는 안 돼

넌 절대로 못할거야

이웃 사람들이 뭐라고 생각하겠어

늘 좋은 인상을 주도록 노력해야 해

넌 할 말 안 할 말을 모르는구나

≪내가 자신에게 이렇게 말할 때는, 아버지가 내 목소리를 빌려 말하는 것이다≫

얘야, 세상은 만만치 않다

웃는 여자가 많이 얻는 법이다

세상은 남자의 것이다

목표를 낮게 가지면 실망하지 않는다

시집가서 아이를 가져라

≪어머니는 나 자신을 이렇게 생각하도록 만드셨다≫
별 능력이 없는 아이
늘 실패만 하는 아이
별로 착하지 않은 아이

≪아버지는 나 자신을 이렇게 생각하도록 만드셨다≫
늘 바깥에서 안을 들여다보는 아이
슬퍼 보이는 아이
열등한 아이
가능성은 있는 아이
충분하지는 않지만 그래도 착한 아이
싱거운 아이

≪내가 살아남기 위해 해야 했던 일 중에 하나는……≫
분노를 감추어야 했다
웃어야 했다
말을 꾹 참아야 했다
진지하게 보여야 했다

노력

이미 답을 알고 있는 질문들을 많이 해야 했다

다른 사람의 기대에 부응해서 일하는 법을 배워야 했다

자신을 낮추어야 했다

자신의 정열을 가두어 놓아야 했다

눌려 지냈다

자기통제를 연습했다

나는 잠시 그녀를 쉬게 했다.

눈을 감고 모든 걸 잊으세요. 그냥 숨만 크게 들이쉬세요. 됐어요. 자! 잠재의식 속 마음이 당신이 한 말의 뜻을 모두 수용하게 하세요. 좋습니다. 그리고 어떤 해결책이 있을지에 대해 의식 세계에서 명상을 하세요. 앞으로는 더 이상 그것을 생각할 필요가 없습니다. 오직 지금 이 순간만! 자, 이제 눈을 뜨고 다시 계속 합시다."

≪내가 인생에서 원하는 것의 하나는……≫

자유

자신을 찾는 것
성공
나의 정열을 풀어놓는 것
정직
자신을 사랑하는 것
남의 비위를 맞추지 않는 것
사실 그대로를 말하는 것
독립적으로 사는 것
사람들의 반응에 신경 쓰지 않는 것

≪나 자신의 생각과 느낌에 대해 좀 더 솔직해진다면……≫
기분이 더 좋아질 것이다
내가 달라질 것이다
내가 누구인지 알게 될 것이다
사람들을 화 나게 할지도 모른다
개운할 것이다
사람들에 대해 그렇게 신경 쓰지 않을 것이다
모든 것이 좀 더 확실해질 것이다

성숙해질 것이다

남자들이 나를 존중할 것이다

≪내가 이럴 때 남자들이 나를 존중해주지 않는다≫

늘 그들을 뒤늦게 알아볼 때

호감을 사려고 할 때

멋진 여자인 척할 때

솔직한 생각을 털어놓지 않을 때

솔직한 욕망을 털어놓지 않을 때

자신을 주장하려고 하지 않을 때

개성 없는 사람처럼 행동할 때

초조한 목소리로 그들이 원하는 것을 물어볼 때

≪남자들이 내 곁을 떠날 때 나는……≫

상처 받는다

분노를 느낀다

그들을 죽이고 싶다

이렇게 외치고 싶다 무엇 때문에 그래 ? 난 잘못한 게 하나도 없는데 !

≪남자들이 나의 분노를 안다면……>
그들은 안다. 그들이 알고 있다는 것을 나도 안다
불편해한다
지겨워한다
흥미를 잃는다
나에게서 떠나고 싶어한다
적대시 당한 기분이 든다

≪이럴 때 화가 치밀곤 한다≫
내가 굴복했을 때
어머니에게 항복했을 때
자신을 위해 싸우지 않았을 때
반항하려고 하지 않았을 때
내가 어머니나 아버지처럼 되어야 한다고 생각했을 때

≪어머니나 아버지 같은 사람이 되지 않아도 된다는 사실을 깨닫게 된다면……≫

나는 내가 될 수 있을 것이다

내 인생이 시작될 것이다

나 자신을 좋아하게 될 것이다

내가 누구인지 알 수 있을 것이다

사람들에 대해서 신경 쓰지 않을 것이다

내 소신대로 말할 것이다

진정으로 존중 받을 것이다

그들은 거부 당한 느낌을 갖게 될 것이다

≪부모님의 인생관을 거부한다는 생각은……≫

해방감을 준다

두렵다

웃고 싶다

뛰어오르면서 소리치고 싶다

그건 전혀 새로운 게임이 될 것이다

나의 정열을 되찾을 것이다

사람들과 대화하는 법을 알게 될 것이다

지금까지 한 연습들에 대해서는 나중에 따져보기로 하고 아래 지침들을 유념해 두기 바랍니다

속마음 끄집어내기 지침

<속마음 끄집어내기>의 과정들은 대화 방식으로 이루어져 있다. 즉 한 사람이 다른 사람을 향해 이야기하는 것이다.

<속마음 끄집어내기>는 녹음기를 틀어 놓고 거울을 보며 자신을 향해 말하는 방식으로 혼자서도 할 수 있다.

그러나 여기서는, 글로 쓰는 방법을 사용해 보기로 한다. 혼자 할 때는 이 방법을 권하는데, 자신이 만든 마무리 말들이 앞에 있으므로 그것을 보면서 명상하기가 쉽기 때문이다.

<속마음 끄집어내기/문장 만들기>의 기본 원리는 완성되

지 않은 앞 문장들을 가지고 문장을 완성해 나가되 말이 되는지, 사실인지, 다른 것들과 모순되지 않는지 등은 신경 쓰지 않는다.

처음 하는 사람들은 하나하나 문장을 완전하게, 절대적인 진리의 말로 만들려 하기 때문에 어렵게 느껴질 수도 있다. 하지만 그런 태도는 마음 속에 장애만 쌓아서 마음을 구속해버린다.

사실이 아닌 것을 마음대로 표현할 수 있어야 사실도 마음대로 표현할 수 있다. 실제로 이런 자유는 우리 마음 깊은 곳에 깃들어 있는 지혜와 지식을 풀어 놓을 수 있다.

이 프로그램에 있는 문장들은 일반적인 범주에 따라 분류해서 각 장으로 나누어 놓았으므로 반드시 순서대로 해야 한다.

한 번에 적어도 한 주제를 끝마치는 것이 이상적이다. 그러나 서두르지는 말라. 우리의 목표는 가능한 한 빨리 끝내는 것이 아니라 각 단계를 충분히 음미하는 것이며, 명상과 반성에는 충분한 시간이 필요하다.

같은 프로그램을 하고 있는 친한 사람이 있다면 주기적으로 만나 서로의 체험을 교환하고 각자 쓴 것을 바꿔가며 그 의미에 대해 의논해 보는 것도 좋다.

다음 장에서 <속마음 끄집어내기>를 할 때는, 도중에 검토하거나 스스로 비판하는 등의 자기 방해를 피하고 가능한 한 무의식적으로 빨리 쓰도록 해야 한다. 앞서 보았듯이 글로 쓰는 대신 파트너를 향해 큰소리로 말하는 경우에도 마찬가지다.

말이 막히거나 떠오르지 않을 때는 무엇이든 만들어 내라. 상식을 벗어난 것이라도 상관 말고 닥치는 대로 말하라. 포기하거나 멈추지 말라. 그밖에 주의해야 할 점은 다음과 같다.

혼잡이나 방해가 없는 시간을 택해 주의를 집중할 수 있도록 하라.

<속마음 끄집어내기>를 하기 위해서는 무아상태에 있다고 상상하라(실제로 무아상태가 이 작업을 위해서는 가장 바람

직하다).

자신이 만든 문장이 서로 모순될 수도 있다는 것을 인정하라. 애증과 같은 반대 감정이 병존하는 것은 자연스러운 현상이다.

가끔 말을 밖으로 끌어내기 위해서라도 과장된 태도를 취할 필요가 있다는 것을 사실로 받아들이라. 반드시 글로만 끌어낼 필요는 없다.

문장은 짧고 간단하게 만들라.
분석은 나중에 한다는 사실을 기억하라.
우리는 자신이 안다고 생각하는 것보다 훨씬 많이 안다.

<속마음 끄집어내기>는 다음의 목표를 달성하기 위한 하나의 방법이다.

탓하려는 것이 아니라 이해하기 위해서

부모의 영향력

자아를 발견하기 위해서 현재의 인격과 불가분의 관계에 있는 과거, 다시 말해 우리의 어린 시절로 거슬러 올라가 보는 것이 좋다.

성장 과정에서 부모님이 어떤 영향을 미쳤는지 알아보려고 하는 것은 탓하기 위해서가 아니라 이해하기 위해서다. 우리는 당신 마음(혹은 환상) 속에 존재하는 어머니와 아버지에 대한 당신의 생각이나 기억이 현재의 삶에 어떤 영향을 미쳤는지에 대해서도 관심이 있다. 잠재의식 안에는 어제와 오늘이 하나로 연결되어 있는 현재만 존재할 따름이다.

여기에 주어진 문장들은 읽는 사람에 따라서 당연히 다른 느낌과 반응들을 불러올 것이다.

정답 같은 것은 없다.

나와는 상관없다고 생각되는 문장이 있더라도 그냥 해보라. 마음을 활짝 열고 기꺼이 충격을 받아들이라.

당신이 친부모 밑에서 자라지 않았다면 어머니나 아버지 자리에 가장 적절한 사람 – 계부, 계모, 형(오빠), 누나(언니), 아저씨나 아주머니 등 – 을 대치시키라.

자신의 대답이 어떠 어떠 할 것인지 안다고 생각하지 말라. 당신은 모른다. 가능한 한 빠른 속도로 하라. 그리고 막히거나 거부감을 일으키는 문장에 대해서는 주의를 기울이라. 그 부분이 당신 자신에 대해 많은 것을 가르쳐 줄 것이다.

미리 읽어보고 싶은 충동을 억제하라. 한 문장을 완전히 끝마치고 나서 그 다음으로 넘어가라.

문장에서 사용된 '항상', '결코' 등의 말은 문자 그대로 해석하지 말기 바란다. '성찰' 부분에 도달할 때까지는 되돌아보지 말라.

내면 아이

우리의 어린 자아와 십대의 자아

우리는 누구나 어린 아이였다. 그러나 그 아이를 현재도 자기의 내면에 가지고 있다는 사실은 잘 깨닫지 못한다.

우리는 내면의 그 아이를 반갑게 받아들임으로써 친구로 삼을 수 있다. 혹은 그 존재조차 의식하지 않음으로써 그 아이를 버릴 수도 있다. 이럴 경우, 그 아이는 흔히 우리가 알아채기 어려운 방식으로 우리 인생을 파멸시킴으로 분노를 발산한다. 행복한 사랑에 빠지지 못 하게 하며, 직장에서 온당치 못한 행동을 하게 하고, 성인으로서 오락을 즐길 자유를 부정하게 만든다.

자신의 잠재 자아, 혹은 잠재 인격에 대해서 알기만 한다면 어린 자아의 형태도 파악하기 쉽다. 그러나 나는 어떤 심리학 서적에서도 또 하나의 중요하기 이를 데 없는 잠재적 자기(자아), 혹은 잠재된 인격인 십대의 자아에 대해서 언급한 것을 본 적이 없다.

우리가 십대의 자아를 가까이 사귀고 받아들인다면 그것은 힘과 이상과 야망의 귀중한 원천이 되며, 또 그것은 인생의 가능성을 탐지하는 무한한 감각을 우리에게 부여해 준다. 그러나 십대의 자아를 거절하고 무시하고 부정하고 버린다면 그것은 온갖 형태의 자기파괴적인 행동으로 우리를 몰아세울 것이다.

올바로 인식하고 동화하기만 한다면 이 자아들은 우리의 삶을 윤택하게 해 줄 수 있는 훌륭한 자원이다. 이 자아의 모습을 인식하지 못 하고 이해하지 못 하고 무시하고 부정하면 이들은 악마로 변신해 우리의 발전과 존재의 기쁨에 장애가 될 것이다.

성찰과 자기 치유에서 가장 중요한 요소 중 하나는 어린 자아와의 화합, 즉 그 부분을 우리의 총체적인 자아 속으로 통합하는 것이다. 현재의 나를 이루고 있는 그토록 중요한 부분을 부정하고 버리는 한 우리가 자신을 올바로 존중하기는 어렵다.

나의 상처가 위장되는 방법 중 하나는

느낌과 감정의 탐색

우리의 느낌과 감정은 현실의 각각 다른 측면을 바라본다. 그것들은 '내 편' 혹은 '반대 편', '이로운 것' 혹은 '해로운 것'의 방식으로 우리가 대하는 특정 사실(혹은 생각)을 인식하고 해석하는 가운데 가치 판단을 구체화 시킨다.

우리는 다양한 느낌과 감정이 어떻게 일어나며, 그것에 어떻게 대처하며, 경우에 따라 더 나은 대처 방법은 무엇인지에 대해서도 생각해 볼 것이다.

<속마음 끄집어내기/문장만들기>는 가능한 한 솔직하고 자발적인 자세를 요한다. '반드시 사실인 것만 쓰는 것이 아니라, 아무리 엉뚱하고 '이치에 안 닿는' 것일지라도 문장을 읽는 순간 의식 표면에 떠오른 마무리 말이라면 그대로 적어 내려가도록 하라.

어릴 때에는 분노, 특히 부모님에 대한 분노는 금지된 감정이었다. 예를 들어 어머니에게 분노를 표했다면 어머니의 사랑을 잃었을 것이고, 아버지에게 분노를 표했다면 그가 나를 죽였을지 모른다고 생각할 수 있을 것이다. 이처럼 의식 속에서건 잠재의식 속에서건 분노의 표현은 곧 사랑의 상실이나 끔찍한 보복과 연결이 된다.

게다가 많은 사람들이 착한 사람은 결코 화를 내지 않는다고 배웠다. 그리고 화 내는 것은 우리 자신의 결점을 드러낼 뿐이라고 믿도록 교육을 받았다. 그래서 우리의 자부심은 분노와 적개심을 '초월'하는 것에 묶여버린 신세가 되었는지도 모른다.

실제로 분노와 적개심이 오히려 정상적인 감정이 될 수 있는 상황도 있다. 우리가 이러한 감정들을 부정하고 억누를 때 우리 자신의 난폭성에 대한 두려움은 더욱 깊어진다. 오랫동안 억눌러온 결과로 자기 내면에 들끓게 된 폭발적인 충동은 자신에게 점점 더 두려운 대상이 된다. 그것은 환상 속에서 정신 이상과도 연결될 수 있다.

상담을 할 때 나는 자주 안전하고 통제된 조건에서 환자가 자신의 분노의 극치를 탐험할 수 있도록 도와준다. 그것은 감정을 방출하는 것의 직접적인 이점뿐만 아니라, 통제불능의 파괴성이나 광란이 아니라면 분노가 꼭 비이성적인 건 아니라는 점을 발견하는 것이 중요하기 때문이다.

분노를 표출하는 데는 어떤 모욕이나 주먹질도 필요하지 않다. 사실이지 그런 행동들은 너무 오랫동안 분노를 부정해온 결과이다.

분노 표현의 이면에는 나의 권리와 나의 위엄과 가치를 옹호하려는 자기 주장이 있다. 그런데 대개 사람들은 자기를 주장하기를 두려워한다. 우리는 이렇게 생각한다. '내가 뭐라고 나 자신을 변호하겠어 ? 내가 뭐라고 나를 학대하는 것에 항의를 하겠어 ?' 여기에서 우리는 내가 많은 프로그램들에서 그토록 자주 언급했던 자부심의 핵심적 중요성에 도달하게 된다.

분노와 적개심에 대해서는 단지 감정의 차원에 머물러서

는 안 된다. 더 깊게 내려갈 필요가 있다. 자신이 진정 원하는 요구와 희망과 위엄을 적극적으로 존중하겠다는 뜻으로서, 그리고 경멸적인 취급을 받지 않겠다는 의지로서의 자기 주장에 대해 생각해 볼 필요가 있는 것이다.

가장 중요한 질문은, 큰소리를 낼 자유를 느끼느냐가 아니라, 자신이 받고 있는 대접에 거부감을 느낄 때 그것을 거리낌없이 말로 표현하느냐는 것이다.

거리낌없이 말하는 것은 오직 연습을 통해서만 배울 수 있다. 목소리의 크기가 아니라 상대의 인격을 공격하지 않으면서 말로 표현하는 것이 중요하다.

그 원칙은 '당신의 목적이 무엇인지, 어떻게 느끼는지, 바라는 조처가 무엇인지 말하되 상대방에 대한 모욕이나 인신공격은 빼라'이다.

많은 사람들의 삶의 비극은, 기쁨(혹은 사랑)을 느끼기 보다는 상처 받지(혹은 거부당하지) 않으려는 것에 마음을 더 쏟는다는 데에 있다. 긍정적인 것을 얻는 것보다 부정적인 것을 피하는 데에 관심이 더 많다는 것이다. 그러나 이러한 태도는 고통과 실망을 불가피한 것으로 만들고 그들이 찾는 행복을 파괴하게 된다.

가끔 나는 이런 방법으로 내 흥분을 감추려고 한다.

스스로에게 '난 관계없어'라고 말하지 말라. 누구나 속으로는 흥분해 있으면서 겉으로는 말도 않고 무관심하거나 냉담한 척할 때가 있다.

매력적인 이성을 만나거나 마음에 드는 일자리를 제안 받았을 때가 이런 경우가 아닐까 ? 아무튼 말이 막히면 무엇이든 만들어 내라. 자신과 무관한 말들을 가지고 열 개의 문장을 빠른 속도로 만들어 보라.

더 솔직해진다면

성의 탐색

여기에서는 성의 심리에 대한 이해를 깊게 하기 위해 <속마음 끄집어내기/문장 만들기>를 활용할 것이다. <속마음 끄집어내기>는 실수와 잘못된 출발을 조정하고 생각을 표현하도록 돕는 탐사와 발견의 도구이다. 당신이 끝까지 해낸다면 어떤 마무리 말이 가장 가치 있고 깨달음을 주는 것인지 알 게 될 것이다. 또 당신의 잠재의식에 대해서도 전보다 더 잘 알게 될 것이다.

성욕에 대한 부모의 영향

여기서는 특히 성욕과 관련된 면을 생각해 볼 것이다. 성의 심리에 대해 보다 통일된 시각을 가질 수 있도록 이에 해당하는 문장들은 후일 따로 떼어서 별도로 다룰 것이다.

나는 이럴 때 나 자신이 가장 마음에 든다

자부심

긍정적인 자부심이야말로 우리의 가장 깊은 내면적 요구이다. 내가 '자부심'이라고 할 때 이것은 나 자신이 인생의 도전에 능히 맞설 수 있고 행복을 누릴 자격이 있음을 체험한다는 뜻이다. 인생에서 내리는 판단 중에 자신에 대해서 내리는 판단만큼 중요한 것은 없다. 우리의 자아 의식이 곧 우리의 운이 되기 때문이다.

자부심이란 어떤 특별한 기술이나 특별한 지식의 문제가 아니라, 스스로에 대한 가장 깊숙한 느낌의 작용이라는 점을 강조하고 싶다. 그것은 인생과 인생의 욕구에 충실히 응하며 살아가는 자신을 어느 정도까지 체험하느냐의 문제이기도 하다.

자부심이란 우리가 인생을 살아갈 자격이 있으며 행복을 누릴 자격이 있음을 체험하는 것이라고 말할 수 있다. 또 내 마음의 작용이나 현실의 일들을 나의 이해와 필요의 범주 안에서 이해하고 판단하는 능력, 지적인 자기, 지적인 자립성 등에 대한 자신감을 의미한다.

내가 행복을 누릴 자격이 있음을 체험한다는 것은, 즐겁게 살 권리와 내가 바라고 요구하는 것에 대한 확신 있는 태도, 자기 인정과 자기 존중, 행복에 대해서 태어날 때부터 권리가 있다는 것 등을 느낀다는 것이다.

건강한 자부심은 우리의 타고난 본성이다. 생각하는 우리의 능력은 인간이라는 자격의 근원이며, 우리가 살아있다는 이 사실은 행복을 추구할 수 있는 권리의 기초가 된다.

더 높은 가능성으로 들어가는 문

지혜로운 자아

카운슬링을 하면서 나는 지혜로운 자아(혹은 보다 높은 자아) – 우리 정신의 어떤 부분보다 훨씬 지혜로우며, 우리의 가장 깊은 곳의 요구와 최선의 가능성에 대해서 가장 잘 알고 있는 – 개념을 도입하는 것이 도움이 된다는 것을 알았다. 일상적인 한계와 압박이 사라진 듯이 생각될 때 의식이 투명해지는 것을 경험해 본 적이 있을 것이다. 이때 우리는 자신의 생을 객관적으로 바라볼 수 있고, 무엇이 진정 중요한 것인지를 아주 분명하게 체험할 수 있다. 나는 이것을 지혜로운 자아라고 부른다. 그러한 의식의 경지에서 살아간다면, 우리는 자신이 변화되리라는 것을 직관적으로 알게 된다.

아무런 속박 없이 진정으로 <속마음 끄집어내기>에 몰입하고 있을 때, 가끔 지혜로운 자아가 나타나기도 한다. 그때 우리는 자신도 상상하지 못했던 지혜를 접하고 경외감에 사로잡힌다. 이것은 우리가 일상 의식이라고 부르는 상태에서는 존재하지 않는 차원의 지혜이다. 그러나 그것은 우리의 내면 깊숙한 곳에 이미 존재하고 있다. 이 지혜에 어떻게 하면 가까이 갈 수 있을까? 이것이 우리의 숙제이다.

<속마음 끄집어내기>는 완전한 해결책은 아니지만 도움이 되는 하나의 방법이다. 자기 정신 안에 이미 존재하고 있는 보다 높은 가능성의 영역으로 들어갈 수 있는 문이 되어주기 때문이다.

그 문을 여는 방법을 당신에게 알려주고 싶다.